Inovadores em ação

William C. Taylor
e Polly LaBarre

Inovadores em ação

SEXTANTE

Título original: *Mavericks at Work*

tradução
Carlos Irineu da Costa

preparo de originais
Luciano Trigo

revisão
Ana Grillo, Luis Américo Costa e Tereza da Rocha

projeto gráfico e diagramação
DTPhoenix Editorial

capa
Miriam Lerner

pré-impressão
ô de casa

impressão e acabamento
Bartira Gráfica e Editora S/A

CIP-BRASIL. CATALOGAÇÃO-NA-FONTE
SINDICATO NACIONAL DOS EDITORES DE LIVROS, RJ

T24i Taylor, William, 1959-
Inovadores em ação / William C. Taylor e Polly LaBarre [tradução de Carlos Irineu da Costa]. – Rio de Janeiro: Sextante, 2008.

Tradução de: Mavericks at work
ISBN 978-85-7542-423-0

1. Executivos. 2. Liderança. 3. Concorrência. 4. Sucesso nos negócios. I. LaBarre, Polly G. II. Título.

CDD: 658.409
08-3365 CDU: 65.012.413

GMT Editores Ltda.
Rua Voluntários da Pátria, 45 – Gr. 1.404 – Botafogo
22270-000 – Rio de Janeiro – RJ
Tel.: (21) 2286-9944 – Fax: (21) 2286-9244
E-mail: atendimento@esextante.com.br
www.sextante.com.br

Sumário

Introdução – A promessa da inovação *9*

PARTE 1 – *Repensando a competição*

1 Mais do que uma empresa, uma missão: a estratégia como defesa de uma causa *17*

2 A competição e suas conseqüências: transgressores, diplomatas e uma nova maneira de falar sobre negócios *44*

3 Mensagens inovadoras (1): como avaliar a sua estratégia *61*

PARTE 2 – *Reinventando a inovação*

4 Idéias ilimitadas: por que nenhum indivíduo é mais esperto do que um grupo *73*

5 Inovação e Cia.: a cooperação levada a sério *95*

6 Mensagens inovadoras (2): como liderar um negócio de mente aberta *122*

PARTE 3 – *Reconectando-se com os clientes*

7 Do valor vendido ao valor compartilhado: como superar a era da sobrecarga *133*

8 Pequenos gestos, grandes mensagens: estratégias inovadoras para se destacar na multidão *160*

9 Mensagens inovadoras (3): como criar um vínculo com os clientes *185*

PARTE 4 – *Redefinindo o trabalho*

10 Em sua companhia: negócios que levam em conta as pessoas *197*

11 Pessoas e desempenho: estrelas, sistemas e ambientes de trabalho que funcionam *226*

12 Mensagens inovadoras (4): como colocar em prática as habilidades da sua equipe *254*

Agradecimentos *264*

Para Chloe, Paige e Grace – inovadoras em casa.

WCT

Para meus pais – que me acompanharam de perto,
mas nunca me cercaram.

PL

Introdução

A promessa da inovação

Sempre acreditamos que a primeira etapa em qualquer empreendimento bem-sucedido – abrir uma empresa, lançar um produto, ou até mesmo escrever um livro – é criar uma definição clara do que significa ter sucesso. Nossa definição de sucesso para este livro começa e acaba com o efeito que ele vai ter em você. Para nós, *Inovadores em ação* será bem-sucedido se abrir seus olhos, mobilizar sua imaginação, expandir seus horizontes e fizer você pensar mais alto. Vamos considerá-lo um sucesso, na verdade, se o livro lhe der as ferramentas necessárias para ser um líder mais ousado – e para vencer seus concorrentes com mais facilidade. Vamos medir o nosso sucesso pela contribuição que dermos ao seu.

Este livro é muito mais do que um guia com dicas práticas. É também uma investigação. Pretendemos convencer você da eficácia dos negócios no que eles têm de melhor, ou seja, como uma força para a inovação, a satisfação e o progresso. Queremos mostrar como é possível criar empresas que funcionam – e que têm um sentido maior do que o lucro.

Em todos os setores, executivos e organizações que eram desprezados como inexperientes ou insignificantes – e vistos como cartas fora do baralho – alcançaram posições de prosperidade financeira e liderança de mercado. Não é à toa que os jovens bilionários por trás dos maiores sucessos empresariais recentes iniciaram sua oferta pública de ações com uma declaração de independência em relação ao modo tradicional de se fazer negócio. "O Google não é uma companhia convencional", diz sua carta de fundação. "Não pretendemos nos tornar uma."

Os personagens nada convencionais que você vai encontrar neste livro também não pretendem. Eles são grandes vencedores nos negócios, seja uma rede de televisão que está mudando toda uma cultura, seja um pequeno e pouco conhecido fabricante de móveis para escritórios. Ou, ainda, em campos fascinantes como a publicidade, a moda e a internet, ou até mesmo em setores mais convencionais como a construção, a mineração e os produtos para uso doméstico. Todos eles atraem milhões de clientes, geram milhares de empregos, dezenas de bilhões de dólares de riqueza – tudo isso repensando a lógica de como conduzir seus negócios.

Alan Kay, o famoso cientista da computação, definiu isso de forma memorável, há 35 anos: "A melhor maneira de prever o futuro é inventá-lo." As empresas, os executivos e os empreendedores que você vai conhecer nas páginas deste livro estão inventando um futuro mais interessante, mais atraente e mais gratificante para os negócios. Eles vislumbraram respostas provocadoras e instrutivas para quatro eternos desafios que líderes de todas as empresas enfrentam: definir a estratégia, fazer decolar novas idéias, criar vínculos com os clientes e ajudar seus melhores talentos a obter resultados grandiosos.

Não há nada mais emocionante do que testemunhar o futuro. Tivemos essa sensação de êxtase em todas as nossas viagens, quando nos envolvemos profundamente com as organizações que ditaram o rumo de seus setores, reformulando as relações com empregados, clientes e investidores. Gastamos um número incontável de horas com líderes de todos os níveis dessas organizações, de CEOs a pesquisadores: pessoas que entendem que as empresas com uma presença transgressora no mercado precisam ter também uma atitude diferente para abordar o mercado de trabalho.

Mergulhamos fundo nessas empresas, tentando entender as idéias que as sustentam e o modo como trabalham. Este livro apresenta um relatório sobre o futuro – e como ele afetará sua empresa, seu setor e sua carreira. Não é um livro sobre as melhores práticas. É um livro sobre as novas práticas – um conjunto de idéias e estudos de caso que compõem um plano de negócios para o século XXI: uma nova forma de liderar, de competir e de ter sucesso.

Nosso argumento principal é: para crescer num mercado hipercompetitivo, jogar na retranca, de modo conservador, não é mais a maneira inteligente de jogar. Numa economia definida por excesso de capacidade, excesso de ofertas e sobrecarga dos sentidos – uma economia na qual todo mundo já tem mais do que o suficiente de qualquer coisa que você possa vender –, a única forma de se destacar é defender um conjunto de idéias verdadeiramente diferentes sobre o que o seu setor deveria estar fazendo. Você não fará nada de grandioso, como concorrente, caso se contente apenas em fazer as coisas um pouco melhor do que a concorrência.

Um princípio formulado por um técnico de basquete define bem o espírito competitivo de que trata este livro: "Os fortes vencem os fracos, mas os inteligentes vencem os fortes." Ou seja, a melhor forma de vencer a concorrência é ser mais esperto do que os concorrentes. As companhias inovadoras não são sempre as maiores na sua área; os empreendedores inovadores não estão necessariamente nas capas das revistas de negócios. Mas eles fazem o trabalho que mais importa – um trabalho original, criativo e ousado. Demonstram que é possível criar empresas em torno de ideais grandiosos e ambições competitivas arrojadas, mas, sobretudo, que a maneira mais poderosa de criar valor econômico é trabalhar com um conjunto de valores que vão além do poder e do lucro. Os negócios, no que eles têm de melhor, são emocionantes, importantes e divertidos demais para serem deixados nas mãos dos que fazem "apenas negócios".

As idéias centrais deste livro se baseiam em estratégias, práticas e estilos de liderança de 32 empresas com histórias, culturas e modelos de negócios muito diferentes. São companhias de capital aberto, empresas de pequeno ou médio porte ou mesmo organizações sem fins lucrativos. Algumas delas são gigantes, com milhares de empregados e bilhões de dólares em vendas, outras são muito pequenas, com algumas centenas de empregados e vendas na casa de 10 milhões de dólares. Mas a originalidade de suas idéias e a força de suas práticas fazem com que sejam, todas, negócios verdadeiramente originais. Elas estão repensando a concorrência, reinventando a inovação, recriando vínculos com clientes e redefinindo o que é o trabalho. Juntas, estão criando uma agenda inovadora para os negócios – uma agenda com a qual todos podem aprender.

Nada garante que todas as empresas que você encontrará nestas páginas crescerão, sem problemas ou contratempos, nos próximos anos. As realidades da concorrência são muito traiçoeiras para que possamos afirmar isso. Não podemos prometer que todas as técnicas ou práticas de negócios que destacamos funcionarão igualmente bem na sua organização. Há uma diferença entre aprender com as idéias de alguém e aplicá-las com eficiência em outro lugar.

O que podemos prometer é um livro que abra seus olhos, que seja o mais dinâmico e útil possível – um livro que pretende ser fiel ao espírito inovador, ao programa que defende e aos líderes que apresenta. Para isso incluímos quatro capítulos, que chamamos de "Mensagens inovadoras", com as idéias que exploramos e as histórias que contamos no formato de tópicos.

Esperamos ter cumprido a nossa missão. Você pode nos visitar na internet, obter mais informações sobre as idéias e os estudos de caso deste livro – e contar suas próprias histórias e lições sobre o que é ser inovador no trabalho.

William C. Taylor
Polly LaBarre
www.mavericksatwork.com

PARTE 1

Repensando a competição

Capítulo 1

Mais do que uma empresa, uma missão: a estratégia como defesa de uma causa

"Um dos motivos para estarmos em Wilmington, Delaware, é que as matrizes de várias empresas de cartão de crédito estão aqui. Todas as manhãs, quando dirijo rumo ao trabalho, fico irritado com seus anúncios, que estimulam o ópio do consumismo na economia americana. Alguns restaurantes da cidade nem aceitam meus pedidos de reserva, porque sabem que minha presença pode ofender algumas pessoas. Mas é exatamente isso que me deixa motivado. É o que me inspira a lutar."

Arkadi Kuhlmann, Presidente e CEO do Banco ING Direct USA

Às vezes o discurso de Arkadi Kuhlmann soa muito parecido com o de políticos engajados ou ativistas dos direitos do consumidor. Arkadi reclama das taxas exorbitantes cobradas pelos bancos e critica a burocracia e os custos embutidos das hipotecas imobiliárias. Quando ele estiver por perto, é melhor não falar em cartões de crédito: ele não tolera uma cultura financeira que estimula as pessoas a investir de modo inconseqüente e gastar demais, em vez de economizar.

"No início, todo mundo adorava cartões de crédito", Kuhlmann diz. "Os clientes tinham orgulho de sacá-los de suas carteiras. Hoje em dia, as pessoas *odeiam* os cartões: sua publicidade excessiva, suas elevadas taxas de juros e as empresas que empurram cartões para jovens universitários. Todo mundo sabe que o excesso de cartões de crédito não é bom. Obviamente, minha tese não é nada popular entre os banqueiros. Mas, como já expliquei a um jornalista, se esta é uma espécie de pregação, por que eu não deveria pregar entre os ateus?"

Mas Kuhlmann não é um ativista dos direitos do consumidor, nem um político – e, definitivamente, não é um pregador religioso. É um banqueiro. Na verdade, é o fundador de um dos bancos de varejo que mais crescem nos Estados Unidos, a subsidiária do ING Group, uma empresa de 150 anos, sediada em Amsterdã, que está entre os maiores conglomerados financeiros do mundo. A sua empresa, o ING Direct USA, começou em setembro de 2000. No final de 2005, já tinha conquistado 3,5 milhões de clientes, acumulava quase 40 bilhões de dólares em depósitos e já gerava lucros sólidos que não paravam de crescer. Nos primeiros dois anos, a empresa absorveu um prejuízo de 56 milhões de dólares, enquanto investia no seu crescimento. Nos dois anos seguintes, registrou um lucro de 127 milhões. Em 2004, com apenas mil funcionários, teve um lucro bruto de 250 milhões de dólares.

Aparentemente, uma indignação justificada pode trazer belos dividendos. Mas Arkadi Kuhlmann é mais do que um banqueiro sem papas na língua. É um *inovador* agressivo, com uma mensagem bem clara sobre o futuro de seu ramo de negócios. Ele e seus colegas afirmam que não estão apenas abrindo outro banco: estão desafiando as práticas comuns (e equivocadas) de todo o setor bancário – setor que julgam estar pronto para mudanças e inovações. "As pessoas querem fazer negócios com empresas que compartilhem os seus valores", Kuhlmann afirma. "Nós falamos um novo idioma, um idioma diferente em termos de negócios."

Esse "novo idioma" freqüentemente coloca a empresa de Kuhlmann em rota de colisão com seus maiores, mais ricos e tradicionais rivais. Estive com ele em junho de 2005, dois meses após o presidente George W. Bush ter assinado a pessimamente intitulada Lei de Prevenção contra a Falência Indevida e de Proteção ao Consumidor. Essa lei, que faz uma revisão profunda dos procedimentos de falência adotados desde os anos 1970, é bastante rígida com os indivíduos e famílias em má situação financeira que tentam se proteger dos credores. A sua aprovação provocou diversos protestos de grupos de defesa do consumidor, estudiosos de Direito e até mesmo juízes da área tributária, mas os bancos, empresas de cartão de crédito e grandes varejistas – organizações poderosas, cujos executivos e lobistas cerram fileiras há anos no Capitólio – reagiram com entusiasmo. Praticamente todos aqueles que tinham alguma importância no setor financeiro aplaudiram aquela gloriosa vitória política.

Todos, com exceção de Arkadi Kuhlmann. Ele foi o único CEO de um banco americano a se opor publicamente à lei, que comparou a "matar mosquito com tiro de canhão". Encaminhou um protesto a um comitê do Senado americano, participou de uma coletiva de imprensa com políticos liberais, como Ted Kennedy, e publicou um comunicado de página inteira no *Washington Post*. Em repetidas ocasiões, despertou a ira dos seus colegas, fazendo perguntas constrangedoras sobre aquele "projeto de estimação" que eles levaram ao Senado. O que aconteceria com as dezenas de milhares de famílias que declararam falência por causa de doenças graves e das contas exorbitantes do tratamento médico? E com os 16 mil militares que tinham falido em 2004? E o que seria feito diante da recusa persistente das empresas de cartão de crédito em limitar suas agressivas práticas de marketing?

"No setor bancário, eu sou uma espécie de vilão", Kuhlmann admite, com satisfação. Essa reputação vai muito além do seu desafio à estratégia política do setor. Na verdade, ela faz parte da *estratégia de negócios* do ING Direct. "Antes de abrir o banco, avaliei o panorama e pensei: 'O setor bancário é um fracasso. Os consumidores sempre saem perdendo.' Foi então que me perguntei: 'Como fazer algo radicalmente diferente? Como dar nova vida ao setor? Como criar um banco baseado numa idéia revolucionária?'"

A grande idéia, no caso, envolvia explorar o poder futuro da internet para defender os valores permanentes da segurança econômica e financeira. O ING Direct é, essencialmente, um banco virtual, de atendimento direto aos clientes (estes também podem usar seus serviços pelo correio ou por telefone; mais de 70% deles, contudo, fazem suas transações pela internet). Tudo na empresa enfatiza a rapidez, a simplicidade e os baixos custos. O ING Direct não possui locais físicos para atendimento nem caixas eletrônicos, executivos com salários astronômicos ou consultores financeiros de fala macia. Também não cobra taxas dos clientes, não exige um valor mínimo para depósito e foge da papelada como o diabo da cruz.

Mais importante ainda, o banco oferece um número limitado de produtos simples: as boas e velhas cadernetas de poupança (sem saldos mínimos), uma seleção de certificados de depósito bancário (sem valores mínimos), nove fundos de investimento fáceis de ser compreendidos (e que podem ser combinados em portfólios classificados como conservadores, moderados e agressivos), além de hipotecas imobiliárias sem firulas, com um formulário de adesão on-line que pode ser preenchido em menos de 10 minutos.

A deliberada simplicidade dos produtos da empresa e o seu modelo de negócios mantêm os custos do ING Direct extremamente baixos: em algumas áreas do negócio, seus custos equivalem à sexta parte dos de um banco convencional. Os custos baixos permitem que o ING Direct garanta maiores taxas de retorno aos clientes (em alguns produtos básicos de poupança, elas chegam a ser quatro vezes maiores que a média) e cobre taxas de financiamento mais baixas. O resultado final é uma máquina de dinheiro operando on-line, que conquista 100 mil novos clientes (40% pelo boca a boca) e 1 bilhão de dólares em depósitos por mês. No final de 2004, o ING Direct já era o maior banco virtual do país, o quarto maior banco de poupança e um dos 40 maiores bancos em geral.

O espírito que anima o banco, contudo, não está nos custos baixos ou no crescimento rápido, e sim no seu programa de inovações. Kuhlmann e seus sócios afirmam estar "guiando os Estados Unidos de volta para a poupança". Eles apresentam uma alternativa bem definida para os excessos e as falhas do modo de operar adotado pela quase totalidade do setor financeiro. "Tudo o que fizemos começou com uma grande idéia: recuperar alguns valores fundamentais, como a autoconfiança, a independência, a participação nos lucros. De uma maneira ou de outra, as instituições financeiras vivem dizendo às pessoas que gastem mais. Nós estamos mostrando a elas como *economizar* mais. Há algo melhor do que os valores tradicionais, a defesa do pequeno, a luta pelas pessoas comuns? É esse o espaço que nós queremos conquistar."

QUE IDÉIAS VOCÊ DEFENDE? ESTRATÉGIAS QUE TRANSMITEM UMA MENSAGEM

Durante décadas, um conjunto bem definido de parâmetros governou a lógica da competição nos negócios. *Estratégia* envolvia oferecer produtos superiores: o carro, o eletrodoméstico ou o computador de sua empresa é o mais barato, o melhor, o mais bonito? *Estratégia* envolvia selecionar mercados atraentes: que segmentos demográficos ou categorias de clientes são mais importantes para a sua organização? *Estratégia* envolvia dominar a economia: quais são as vantagens em escala, custos, margens e preços que permitem que a sua empresa tenha um desempenho superior em termos de produtividade, rentabilidade e retorno para os acionistas?

Por isso, no fim das contas, uma boa parte de qualquer estratégia tinha a ver com *imitação*. As grandes empresas, na maioria dos setores, se contentavam em competir fazendo uso de regras praticamente idênticas, disputando uma pequena vantagem nas margens: que produtos podem ser um pouco melhores? Quais custos podem ser um pouco menores? Quais mercados-alvo podem ser um pouco mais atraentes? Exemplos concretos disso foram as disputas "General Motors versus Ford", "CBS versus ABC e "Coca-Cola versus Pepsi".

De vez em quando, é claro, algo genuinamente novo altera a trajetória de um setor: o crescimento dos veículos utilitários esportivos, ou o financiamento sem juros nas vendas de automóveis; a criação de *reality shows* na televisão, ou a disseminação da água mineral engarrafada e das bebidas naturais, no setor de bebidas. Mas, inevitavelmente (e quase imediatamente), a inovação dá lugar à duplicação. Todos os grandes competidores copiam o mais depressa possível o impulso criativo original (ou compram um, das empresas criadoras), de modo que a estratégia retorna a fórmulas familiares e previsíveis.

Na década de 1990, com a explosão da internet e o crescimento de uma geração de novas empresas ambiciosas, financiadas por capital de risco, a competição nos negócios adquiriu um tom mais acirrado, mais frenético, menos imitativo. *Estratégia* passou a significar projetar modelos de negócios radicalmente diferentes, que demoliam o consenso sobre como determinados setores funcionavam: quem seria capaz de utilizar computadores velozes e comunicação em rede para reduzir os custos de produção, aumentar consideravelmente as opções dos consumidores e dar um golpe violento nos modelos econômicos já estabelecidos? Quem conseguiria, na época áurea das empresas pontocom, esfregar uma Amazon na cara de seus rivais ou gerar um novo fenômeno como o Napster?

Nenhum livro resumiu melhor esse fervor revolucionário do que o de Gary Hamel, o famoso guru da estratégia, adequadamente intitulado *Liderando a revolução*. No ramo dos negócios, Hamel é um dos pensadores mais influentes de sua geração – orador brilhante, consultor e professor universitário, ele já lecionou na London Business School e na Harvard Business School. A principal clientela de Hamel é composta por altos executivos das empresas mais poderosas do mundo, e o seu livro criticou severamente esses manda-chuvas pelo pensamento coletivo que afeta tantos executivos. "A maioria das pessoas em um dado setor compartilha a mesma cegueira", advertiu Hamel. "Estão todos prestando atenção nas mesmas coisas, e deixando de prestar atenção nas mesmas coisas também."

E qual seria a solução? Revolução! Hamel incentivou os aspirantes a "empresários rebeldes" e "revolucionários grisalhos" a "começar uma insurreição" em seus setores. "Você pode se tornar o autor do seu próprio destino", bradou aos seus leitores. "Pode olhar o futuro nos olhos e dizer: não sou mais um prisioneiro da História. Tudo o que posso imaginar eu posso realizar. Não sou mais escravo de uma burocracia sem rosto. Sou um ativista, não um autômato. Não sou mais um mero soldado de infantaria na marcha do progresso. Sou um *revolucionário*."

Bem... É claro que esse período de inovação explosiva terminou como a maioria das revoluções – de forma perversa e sangrenta, sufocado por seus próprios excessos. Alguns dos mais célebres revolucionários na área dos negócios na década de 1990 – Enron e Worldcom são os exemplos óbvios – tornaram-se alguns dos mais notórios criminosos colarinhos-brancos do início do século XXI.

Esse é o pano de fundo para o surgimento de uma nova geração de empresas inovadoras e a criação de uma nova fronteira para a estratégia de negócios. A lógica da competição evoluiu do universo da imitação de *produtos contra produtos* para o fervor revolucionário de *modelos de negócios contra modelos de negócios* e agora parece estar alcançando o domínio promissor dos *sistemas de valores contra sistemas de valores.* Chamarei isso de *estratégia como defesa de uma causa:* quem é capaz de redefinir as condições da concorrência, desafiando as normas e práticas aceitas em suas áreas, antes que clientes descontentes ou agências reguladoras façam isso? Quem apresenta o projeto mais convincente e original quanto ao rumo que o seu negócio pode e deve seguir – não só em função dos parâmetros econômicos, mas em termos de expectativas? Quem pode disseminar um conjunto de idéias capazes de moldar o futuro de seu setor – e de reformular a noção do que é viável para clientes, funcionários e investidores?

É claro que essas questões já surgiram antes. Há mais de uma década, Jim Collins e Jerry Porras publicaram *Feitas para durar*, que acabou se tornando um dos livros de negócios mais vendidos de todos os tempos. Ao examinarem o sucesso de empresas respeitáveis como Johnson & Johnson, 3M e Procter & Gamble, Collins e Porras descobriram um senso de propósito em cada uma delas, "um conjunto de motivações fundamentais norteando a existência da empresa, além de simplesmente ganhar dinheiro". E essa noção de propósito, acrescentam eles, tende a ser atemporal e duradoura: "Um bom objetivo deve servir para guiar e inspirar a organização por anos a fio, talvez por um século ou mais."

Cada uma das empresas inovadoras que você vai conhecer nos próximos capítulos possui um inegável senso de propósito. Mas é um senso de propósito provocador: a estratégia de cada empresa tende a ser ao mesmo tempo extrema e duradoura, impactante e específica, oportunista e atemporal. Numa era definida pela *ressaca* empresarial, cultural e social decorrente dos excessos dos anos 1990 – escândalos em Wall Street, desvios éticos de altos executivos e níveis inéditos de desconfiança de empresas em relação a seus clientes e funcionários e vice-versa –, as idéias mais poderosas são aquelas que apresentam um projeto de reforma e inovação, que transformam a empresa numa causa.

Roy Spence, co-fundador e presidente da GSD&M (uma irreverente agência de publicidade com sede em Austin, Texas), é uma voz pitoresca e carismática no que diz respeito ao futuro das estratégias de negócios. Spence foi o motor por trás de algumas das marcas mais visíveis e das maiores organizações nos Estados Unidos, da Wal-Mart ao circuito profissional de golfe PGA Tour, passando pela Força Aérea dos Estados Unidos. Mas o cliente que colocou a sua agência no mapa foi a Southwest Airlines. Segundo Spence, a extraordinária escalada da Southwest rumo à liderança do mercado (em 2005, ela teve mais passageiros em vôos domésticos do que qualquer outra companhia aérea) não pode ser atribuída apenas a uma operação de redução de custos ou humanização dos serviços. Tem mais a ver com o *senso de missão*, radical e subversivo, que norteia seu modo de fazer negócios.

A Southwest tornou-se um ícone de marketing de massa tão fabuloso que é fácil perder de vista suas características únicas no setor de aviação comercial. O sistema de rotas ponto-a-ponto da empresa evita o alto custo e os intermináveis atrasos do sistema convencional – com centros de redistribuição de passageiros ou aeroportos centrais – que a maioria do setor adota em suas operações. A empresa nunca teve serviço de primeira classe, lugares marcados nem refeições a bordo, e só aderiu tardiamente (e relutantemente) aos programas de milhagem para usuários freqüentes. A interação sem firulas da Southwest com seus clientes mantém as tarifas baixas e permite promoções de fácil compreensão.

Mas tarifas baixas não significam um serviço mal-humorado. Ao contrário: o pessoal de atendimento da companhia, os comissários de bordo e até mesmo seus pilotos são famosos pelos sorrisos abertos, personalidades extrovertidas e senso de humor peculiar. Qualquer um que já tenha voado pela Southwest no Dia das Bruxas – um feriado quase sagrado nessa companhia aérea brincalhona – deve ter ficado impressionado com as fantasias usadas por todos os funcionários, dos carregadores de bagagens aos mecânicos, o que sugere que a companhia é movida por um combustível bem diferente daquele usado por suas concorrentes. Na verdade, a Southwest pode ser o exemplo mais vivo e didático do poder da *estratégia como defesa de uma causa.* O sucesso sem paralelos da empresa deve ser atribuído muito mais ao seu sistema de valores do que a uma tecnologia inovadora ou a uma inovação radical nos negócios.

A GSD&M fechou um contrato com a Southwest em 1981, quando a companhia, na época com 10 anos de vida e dirigida por Herb Kelleher, não passava de um caso exótico diante das empresas líderes no ramo. Atualmente, num setor à beira do desastre (perdeu, em conjunto, 30 bilhões de dólares, entre 2001 e 2004), a Southwest paira sozinha acima de todos, como um negócio lucrativo e estável que não pára de crescer. Alguns anos atrás, a revista *Money* comemorou o seu trigésimo aniversário escolhendo a ação que teve o melhor desempenho durante suas três décadas de existência. A vencedora não foi a General Electric, a IBM, a Merck ou qualquer outra marca reverenciada. Foi a Southwest Airlines, uma campeã num dos setores menos atraentes do mundo. (Vale a pena adotar uma postura inovadora. Segundo a *Money*, um investimento de 10 mil dólares em ações da Southwest em 1972 valia mais de 10,2 milhões 30 anos depois.)

Spence é enfático sobre as lições estratégicas por trás da extraordinária ascensão de sua cliente. A Southwest não prosperou porque suas tarifas eram mais baratas do que as da Delta, ou porque seu serviço era mais simpático que o dos vôos da não tão simpática United. A Southwest prosperou por ter imaginado um novo conceito de companhia aérea. Na verdade, Spence acredita que a Southwest nem sequer está no setor de companhias aéreas. Ela integra o setor da "liberdade". O seu propósito é *democratizar os céus* – tornar as viagens aéreas tão acessíveis e flexíveis para uma pessoa comum quanto para as classes altas.

Essa noção única de missão é o que impulsiona a estratégia de negócios da Southwest, desde a escolha das cidades que atende e das tarifas que cobra até o pessoal que contrata e promove. Spence argumenta que existe uma conexão direta entre o desempenho financeiro do modelo operacional da Southwest, a publicidade que ela dirige aos seus clientes ("Você agora é livre para viajar pelo país") e as mensagens que manda a seus mais de 30 mil funcionários ("Você agora é livre para dar o melhor de si"). Ele explica essa conexão da seguinte maneira: "As estratégias de negócios mudam. O posicionamento de mercado muda. Mas o propósito não muda. Cada membro da Southwest é um guerreiro em luta pela liberdade."

É claro que toda essa conversa de liberdade é em parte um exercício de marketing interno, que serve para aumentar o moral dos funcionários. Mas qualquer um que já tenha tido contato com a Southwest sabe que existe algo mais no desempenho da companhia do que preços baixos e alta produtividade. Existe um senso genuíno de propósito (e um senso de humor único) animando a empresa. Libby Sartain passou 13 anos no Departamento de Pessoal da Southwest, os últimos seis como vice-presidente. Ela está convencida de que a missão que definiu a Southwest no mercado refletiu – ao mesmo tempo que foi guiada por – um senso igualmente palpável de propósito no ambiente de trabalho. Ela explica: "Analisei a empresa de forma detalhada e me perguntei: do momento em que alguém vem trabalhar aqui até a hora em que vai embora, o que faz com que essa seja uma experiência única? O que o nosso pessoal tem que nos diferencia da concorrência?"

No ambiente de trabalho, os funcionários adotaram um grito de guerra que vincula a estratégia de negócios campeã da empresa ao cotidiano da organização: "Na Southwest, a liberdade começa comigo." Sartain e sua equipe chegaram mesmo a identificar as "oito liberdades" que definem a experiência de trabalhar na companhia – incluindo a "liberdade para aprender e crescer", a "liberdade para criar segurança financeira", a "liberdade para trabalhar duro e me divertir", a "liberdade para criar e inovar" – e estimulam os funcionários a aderirem à causa que existe por trás da empresa. Com o passar do tempo, as oito liberdades "atingiram a essência do que é a experiência de trabalhar na Southwest", diz Sartain. "A mensagem era: 'Vocês não estão apenas despachando bagagem, servindo um drinque, fazendo um orçamento ou programando um software. *Vocês estão dando às pessoas liberdade para voar*. É graças à sua eficiência e criatividade que continuamos a manter nossas tarifas baixas e nossas aeronaves no céu."

Por quais idéias a empresa está lutando? Que valores ela representa? A que propósitos serve? Estas são perguntas que Roy Spence tenta responder em cada uma das organizações em que trabalha. "Qualquer um que esteja gerenciando um negócio precisa descobrir qual é o seu grande apelo, o seu propósito", insiste. "O propósito tem a ver com a diferença que você está tentando criar – no mercado ou no mundo. Se todos estão vendendo a mesma coisa, qual é o elemento que desempata? É o propósito."

Não há dúvida de que Spence é um especialista no uso inteligente da linguagem para definir e posicionar as empresas de maneira convincente (não é à toa que ele trabalha com publicidade). A linguagem é importante quando o assunto é estratégia. O modo como você fala sobre a sua empresa diz muito sobre o que você *pensa* dela. E, no fim das contas, o que você pensa de sua empresa acaba determinando qual será o desempenho dela. "Pode-se dizer que a Southwest está realmente interessada em convencer mais pessoas a andar de avião", explica Spence. "Mas é mais correto afirmar que o verdadeiro núcleo da empresa é a democratização dos vôos. É melhor estar no ramo da aviação comercial ou no ramo da liberdade? A linguagem é o que cria um diferencial competitivo – e trabalhar com esse diferencial leva a uma maior criatividade nos negócios."

Roy Spence é tão comprometido com a idéia de ter um propósito que uma colega sua na GSD&M, Haley Rushing, ocupa o cargo de "propositóloga-chefe". Rushing, que é formada em Antropologia Cultural, mergulha fundo na história, na economia, nos valores e práticas de clientes reais e potenciais para trazer à tona o planejamento de defesa de uma causa (ou a falta dele) no centro das estratégias desses clientes. "Nós não criamos o propósito de uma organização", ela explica. "O nosso trabalho é reavivá-lo e criar uma linguagem de liderança. Na década de 1990, vimos que uma maré alta levanta todos os barcos. Agora, vemos que uma mudança de maré testa a força da sua âncora. Aquilo que você defende é tão importante quanto aquilo que você vende."

INOVAÇÃO PELA AGITAÇÃO – A ESTRATÉGIA NO LIMITE

Ninguém precisa convencer Arkadi Kuhlmann da importância de ter um propósito, nem lhe dizer que os valores que uma pessoa defende são tão relevantes quanto os produtos que ela vende. "Gosto da nossa postura de defesa de uma causa", ele diz. "É o que nos diferencia. A maioria das empresas, sobretudo num setor como o nosso, é muito chata. Se você fizer tudo igual aos outros, como espera se sobressair?"

Sob vários aspectos, o ING Direct está para os bancos assim como a Southwest está para as companhias aéreas – um concorrente agressivo, de baixo custo, com uma atitude atrevida e um ponto de vista bem definido. É por isso que a empresa, como o seu fundador, é cheia de garra, combativa, vivaz. Sua sede, composta de cinco prédios charmosamente restaurados no Centro de Wilmington, é uma explosão de cor em meio a uma cidade monótona e adormecida. Os executivos de alto escalão trabalham num antigo curtume do século XIX, restaurado em 2000 e remodelado em 2005 para acomodar o crescimento acelerado da empresa.

Kuhlmann se orgulha de ter recrutado muitas pessoas em outras áreas que não a bancária. "Se você pretende inovar e injetar energia num setor, não contrate pessoas que já trabalharam nele", aconselha. "Será preciso destreiná-las para depois treiná-las novamente. Prefiro contratar um músico de jazz, um dançarino ou um capitão do exército israelense. Eles podem aprender sobre bancos. É muito mais difícil para os banqueiros *desaprenderem* os seus maus hábitos: eles estão presos ao passado. Lembre-se: a ressurreição só funcionou uma vez em toda a História."

Bem, talvez duas vezes. O próprio Kuhlmann é um veterano com 30 anos de carreira bancária, iniciada como um executivo em rápida ascensão no extremamente conservador Royal Bank of Canada. "É impressionante lembrar essa época", diz Kuhlmann, sentado em seu escritório simples, sem luxos, no espaço sem divisórias da empresa. "Aos 33 anos, eu me tornei vice-presidente de um banco comercial. Tinha meu escritório particular, com cortinas de primeira. Tinha uma sala de refeições privativa, um chofer que ia me buscar às 7h30 e um sujeito que entrava na minha sala todos os dias, às 8h30, para engraxar os meus sapatos. Eu tinha um poder corporativo real, no sentido mais tradicional. Hoje, não estou mais preso a nenhuma dessas armadilhas do poder."

Na verdade, Kuhlmann faz questão de lembrar a seus colegas que o ING foi criado exatamente para desafiar aquele estilo de poder. Do lado de fora há uma mensagem pintada na entrada: "Ao atravessar esta linha, você está deixando para trás a apatia para entrar num lugar diferente." Por sua vez, os funcionários, ao deixarem o prédio, lêem numa placa colocada na porta de saída: "O dia de hoje realmente valeu a pena?"

"Estamos sempre aumentando a intensidade, a paixão, os objetivos", afirma Kuhlmann. "Recebemos 1 bilhão de dólares por mês em novos depósitos, atualmente. Acabo de anunciar que queremos chegar a 2 bilhões. Estão todos apavorados, mas vamos conseguir. É difícil trabalhar aqui sem se perguntar: 'Será que sou capaz de fazer isso?' A idéia não é deixar todo mundo estressado, mas sim produzir convicção."

Não há dúvida de que a prioridade do ING Direct são os serviços básicos, e não projetos mirabolantes. O foco está na criação de produtos financeiros que tornem o ato de economizar simples e vantajoso para os clientes. Mas uma boa parte da sua estratégia está em identificar os produtos que o banco *não vai* oferecer. Por mais agressivo que o ING Direct tenha sido em seus mercados-alvo, ele demonstrou uma moderação igualmente forte ao evitar mercados potencialmente lucrativos que estavam fora do seu objetivo. Por exemplo, o ING Direct não oferece cartões de crédito, empréstimos automáticos nem contas tradicionais de bancos de varejo – linhas de negócio que a maioria dos banqueiros lançaria num piscar de olhos, se estivesse no lugar de Kuhlmann. Esses serviços encorajam os clientes a gastar dinheiro, e não a poupar; logo, não fazem parte do modelo de negócio do banco.

O ING Direct também resistiu à tentação de aderir à corretagem pela internet, uma diversificação óbvia que qualquer estudante de MBA que se preze teria sugerido que a empresa adotasse. Milhões de clientes já utilizam os serviços bancários do ING Direct pela internet, então por que não deixá-los comprar e vender ações também? "Porque, quando se está realmente comprometido em ajudar as pessoas a mudarem sua vida financeira, e a fazer isso passo a passo, não se deve encorajá-las a tomar atitudes que podem levá-las a perder dinheiro", explica Jim Kelly, diretor de atendimento ao cliente do banco, que também supervisiona as áreas de marketing, vendas e operações.

Há uma lição a ser aprendida aqui: as empresas que competem usando um ponto de vista original se definem tanto pelas oportunidades que decidem *não* aproveitar quanto pelos segmentos em que se mostram ativas. Roy Spence recorda os primórdios da Southwest Airlines, quando a empresa teve de enfrentar um dos inúmeros grandes desafios à sua missão de defesa de uma causa. Em 1981, uma empresa novata chamada Muse Air, lançada por Lamar Muse, o descontente co-fundador e antigo CEO da Southwest, preparou um ataque contra Herb Kelleher e seus antigos colegas, criando uma companhia aérea com aviões mais sofisticados, poltronas mais espaçosas e um serviço focado no conforto. A Southwest ficou abalada. Muitos executivos insistiram para que Kelleher comprasse a sua própria frota de novas aeronaves, sobretudo quando as pesquisas mostraram que os clientes, em sua grande maioria, preferiam as aeronaves da Muse aos aviões mais surrados da Southwest.

Mas Kelleher resistiu à tentação – não porque quisesse desapontar os clientes, e sim porque estava determinado a se manter fiel à missão da sua companhia aérea. "Todos ficaram pasmos por não comprarmos aviões novos e sofisticados", recorda Spence. "Mas Herb disse: 'Se comprarmos esses aviões novos, e admito que são bonitos e preferidos pelos clientes, vamos ter que treinar os nossos pilotos a voar em duas aeronaves diferentes, e treinar os nossos mecânicos a lidar com duas aeronaves diferentes. Isso vai aumentar o nosso custo e vamos ter que cobrar mais dos clientes. Não vamos fazer isso, pois não é esse o propósito da nossa companhia aérea. Não é assim que a gente democratiza o espaço aéreo.'" (A saga da Muse Air terminou mal para todos. Lamar Muse não conseguiu derrotar os seus antigos colegas, e a Southwest acabou comprando a empresa dele quatro anos após seu surgimento.)

Em outras palavras, empresas que competem usando um conjunto próprio de idéias rejeitam sem dificuldade oportunidades e estratégias que os empresários mais tradicionais não hesitariam em abraçar. O ING Direct chega até mesmo a rejeitar *clientes* que considera incompatíveis com a sua mensagem. Um exemplo: o próprio Kuhlmann recusou um depósito de 5 milhões de dólares de um investidor peso pesado que queria fazer negócios com o banco. "Não foi nada pessoal", explica o CEO, "mas, se o ING Direct quer ser uma instituição que promove os interesses financeiros do cidadão comum, então não precisa (nem deve) atender investidores poderosos. Os americanos ricos estão acostumados a cartões Platinum e serviços especiais. A última coisa que queremos neste banco é gente rica fazendo exigências especiais. Tratamos todo mundo da mesma maneira."

De fato, o ING Direct é uma das poucas instituições financeiras que não estipulam um valor mínimo de depósito para os seus clientes, mas impõem (não oficialmente) valores *máximos*. Quer abrir uma conta de poupança com 1 dólar? Tudo bem – o ING Direct chega até mesmo a depositar mais 25 dólares, como um presente de boas-vindas da parte do banco. Quer abrir uma conta de poupança com 1 milhão de dólares? *Não, obrigado*. "Servimos as pessoas comuns, e não os investidores de Wall Street", explica a diretora de atendimento, Kelly. "Nosso papel é ajudar as pessoas que mais precisam de nós para economizar dinheiro. Quem pretende depositar 1 milhão de dólares não precisa de ajuda. E, sejamos realistas, clientes assim vão exigir mais de nós: 'Tenho muito dinheiro depositado em seu banco, quero isso feito assim *agora*.' Vão esperar que façamos por eles coisas que simplesmente não fazemos. Prefiro ter mil contas de mil dólares a ter uma de 1 milhão. Posso alcançar mais gente assim."

É, sem dúvida, uma estratégia às avessas para um banco – privilegiar os clientes com *menos* dinheiro em detrimento daqueles com *mais*. Essa estratégia, contudo, possui uma lógica econômica bem clara – a execução de um modelo de negócios de alto volume, com baixos custos operacionais e baixa margem de lucro. E está de acordo com o sistema de valores que moldou a identidade do ING Direct no mercado. É uma estratégia que passa uma mensagem bem clara – um ponto de vista que é compreendido pelos clientes e funcionários, que muda a pauta do futuro dos serviços financeiros e consegue um bom espaço na mídia e entre formadores de opinião.

"Recriar uma indústria é recriar uma história em torno dos clientes, dos funcionários, dos produtos", diz Kuhlmann. "O setor bancário tem a ver com dinheiro, e dinheiro tem a ver com quem você é, com a sua visão de futuro, com como você pretende cuidar de quem ama. Estamos tentando transformar o ato de economizar em algo bacana. Estamos criando uma história que carrega consigo um senso de missão, que ajuda as pessoas a adotar um novo ponto de vista."

Kuhlmann e sua equipe gostam de pensar que são como advogados defendendo seus clientes. Mas, assim como Kuhlmann recusou um depósito de 5 milhões de dólares, não há muita tolerância para os clientes que não se encaixam em seu modelo – seja um zé-ninguém ou um todo-poderoso. Todo ano a empresa "dispensa" mais de 3.500 clientes que, de um modo ou de outro, não seguem as regras do jogo. Talvez tenham ligado muitas vezes para o serviço de atendimento ao cliente, ou tenham solicitado um número excessivo de isenções dos procedimentos cuidadosamente engendrados pelo banco, ou tenham feito transferências de alto valor em curtos períodos de tempo para reduzir um pouco os impostos. Seja qual for a infração, o

ING Direct não hesita em fechar a conta. "Nossas porcelanas são muito frágeis para deixarmos touros correndo soltos pela loja", brinca Kelly.

Abrir mão de milhares de clientes todos os anos é uma prática de negócios controversa, como admite o CEO Kuhlmann – mas é exatamente por isso que ele acredita que ela seja boa para os negócios. "Funciona porque deixa todo mundo em polvorosa", explica. "Agita o mercado. Agita os clientes que não se encaixam em nosso modelo. Mas queremos separar essas pessoas. Os clientes ideais para o seu negócio adoram você. Tornam-se disseminadores. Os clientes que você recusa passam a odiá-lo. Mas sabe o que eles fazem nesse caso? Falam de você para todo mundo, e isso é ótimo. Gera diálogo. Não há nada como ser diferente."

POR QUE A CLONAGEM NÃO FUNCIONA – A ORIGINALIDADE COMO ESTRATÉGIA

Há um inegável aspecto populista nas empresas apresentadas até agora. Por 35 anos, a Southwest Airlines manteve-se fiel a um plano de vôo elaborado para remodelar a economia das viagens e "democratizar o espaço aéreo". Por mais de cinco anos, o ING Direct persistiu na sua crítica às piores práticas dos serviços financeiros e prometeu "conduzir os americanos de volta às suas economias". Roy Spence, da agência publicitária GSD&M, incita seus clientes não apenas a vender seus produtos, mas também a colocar em prática a "vocação maior" de seus negócios.

A defesa de uma causa como estratégia diz respeito à *clareza*, e certamente a visão do mundo dos negócios não é a mesma do "politicamente correto". Seu objetivo final não é lutar pelos fracos e oprimidos. É lutar contra a concorrência, com inovações que desafiem a mentalidade da "clonagem".

Em seu manifesto competitivo bastante explícito, *Jogando para valer: você está jogando por jogar ou para ganhar?*, os especialistas em estratégia George Stalk e Rob Lachenauer encorajam os executivos a não perder tempo com questões menores, como gestão corporativa e gerenciamento dos acionistas, para se concentrarem no que realmente importa para os negócios – "utilizar todos os recursos e estratégias disponíveis e legítimas para ganhar vantagens sobre os concorrentes". Stalk e Lachenauer exaltam empresas duronas, que "mantêm o foco incansavelmente na vantagem competitiva" e "investem com força maciça e esmagadora" sobre rivais vulneráveis.

Também admiro empresas que atacam para valer. Mas estou convencido de que a maneira mais eficaz de jogar pesado é montar um plano de crescimento no qual a palavra de ordem é implementar um programa criativo – prosperar enquanto empresa, defendendo novas idéias acerca do futuro de seu negócio. Ou seja, a originalidade se tornou a questão central para a formulação da estratégia. Em nenhum outro lugar o poder da originalidade estratégica fica mais evidente do que na sede da HBO, a rede de televisão a cabo mais influente (e mais rentável) – e a força mais original – na enfadonha cultura de clonagem do entretenimento de massa.

Num luxuoso escritório, Nancy Lesser, a todo-poderosa publicitária da HBO, está acertando com os produtores do Globo de Ouro os detalhes das poltronas a serem ocupadas por uma delegação de celebridades, incluindo Sarah Jessica Parker e Matthew Broderick, que virão para a noite de gala (os programas da HBO e suas estrelas concorreram a 20 Globos de Ouro em 2005, mais que o dobro das indicações que tiveram as outras redes). Enquanto isso, em outro escritório luxuoso, Chris Albrecht, CEO da HBO, está terminando uma ligação, usando um microfone sem fio, com o olhar perdido na distância – "Cinqüenta milhões?", pergunta ele. "Sessenta milhões? Tudo bem, se tiver que ser 60 milhões, que seja." E desliga.

Disputar lugares privilegiados numa cerimônia ou discutir o orçamento milionário das produções faz parte da vida em Hollywood. Mas quase todo o resto, na HBO, rompe o padrão. A empresa já anuncia o seu caráter inovador na recepção. Um gigantesco monitor eletrônico indica a entrada para o saguão com a mensagem: "Não é televisão. É HBO."

Televisão – existe outra indústria tão fascinante e tão desesperada por idéias novas? Trata-se de um negócio no qual a estratégia se baseia quase *inteiramente* na imitação. Basta lembrar junho de 1994, quando o programa *Today*, da NBC, estreou seu novo cenário usando um estúdio de paredes envidraçadas, no Rockefeller Center. Num período de dois anos, praticamente *todos* os programas matinais passaram a exibir estúdios envidraçados em algum lugar de Nova York. Uma década depois, quando Donald Trump conquistou altos índices de audiência para a NBC com *O aprendiz*, emissoras concorrentes correram para fechar contrato com outros bilionários. E por aí vai, num infinito deserto de idéias novas: *Survivor* deu origem ao *Big Brother*. E tudo isso deu origem a um sentimento de resignação entre os espectadores e um ar de desespero entre os executivos da televisão: como sair ganhando, quando todos estão jogando o mesmo jogo?

Eis que surge a HBO. O brilhante desempenho financeiro da rede ao longo da última década é incontestável. Com uma média de quase 28 milhões de assinantes, a HBO deixa para trás todo e qualquer concorrente de TV a cabo. A empresa controladora, Time Warner, não revela os resultados financeiros detalhados da unidade, mas analistas de Wall Street relatam que a renda média da empresa cresce 20% ao ano desde 1995 e calculam um lucro líquido de 1,1 bilhão de dólares em 2004. Sozinha, a HBO possui um valor de mercado estimado em 20 bilhões de dólares.

Mas o que realmente diferencia a HBO não é a sua rentabilidade, e sim a sua programação. Como todos sabem, a rede moldou as conversas sobre cultura pop do início do século XXI com um trio de sucessos: *Sex and the City* (uma mistura extravagante de sexo, sapatos, restaurantes e relacionamentos que foi ao ar de 1998 a 2004), *A família Soprano* (uma série original sobre um angustiado chefão da máfia em Nova Jersey, que estreou em 1999) e *A sete palmos* (as crônicas de humor negro de uma desajustada família de agentes funerários, que foi ao ar de 2001 a 2005). Esses três seriados atraíram audiência em patamares de horário nobre para uma rede que alcança apenas um quarto de todas as residências com televisão, e com isso assustaram os executivos do ramo e foram universalmente aclamados pela crítica. Na cerimônia de entrega do Emmy em 2004, a rede HBO recebeu 124 indicações – um feito inédito – e 32 prêmios.

Mesmo com o encerramento de dois dos três seriados, a HBO permanece inigualável em inventividade e emoção. Além da nova geração de seriados semanais, essa rede produziu diversos filmes para a televisão e o cinema, com projetos envolvendo Tom Hanks e Steven Spielberg.

A trajetória da HBO não se resume em encomendar roteiros inteligentes ou contratar atores melhores que os da concorrência. Está fundamentada num ponto de vista único sobre como criar valor na indústria do entretenimento – a proposta estranhamente transgressora de que qualidade e originalidade, em vez de mediocridade e imitação, levam a uma prosperidade duradoura. Com a HBO, o que se vê na tela é um reflexo dos valores que a empresa defende no mercado – idéias que redefinem as expectativas da audiência e fazem com que a rede se destaque, após décadas de práticas convencionais, em Nova York e Hollywood.

Tecnicamente falando, a HBO não é concorrente das outras redes. A HBO se vende para os espectadores, enquanto as redes abertas vendem seus espectadores aos anunciantes. Mas tanto as redes como os canais pagos e a programação básica de TV a cabo estão clamando por atenção, num mercado de entretenimento cada vez mais saturado, competitivo e fragmentado. Num negócio em que a originalidade é freqüentemente vista como um risco, e não um trunfo, a capacidade da HBO de se comunicar com uma grande audiência, elevar suas expectativas e continuar ultrapassando limites culturais representa mais do que uma revolução para a rede. É algo que muda o jogo para todo mundo.

"O que vale, quando se trata de emissoras de televisão, geralmente é aquilo que atrai mais telespectadores", diz Alan Ball, criador do seriado *A sete palmos*. "E o fator medo. Chega-se a baixar o nível para conseguir mais audiência."

O CEO da HBO, Chris Albrecht, faz diferente ao avaliar a sua programação: não cita o público-alvo nem índices de audiência. Em vez disso, faz as seguintes perguntas: "É diferente? É original? É *bom*?" Ele explica: "Basicamente, queremos saber: *isso nos diz alguma coisa*? Por 'alguma coisa' não me refiro só ao assunto, ou àquilo que está em jogo, e sim a algo que seja relevante para a experiência humana. *A família Soprano* não é um seriado sobre um chefão da máfia que toma Prozac. É sobre um homem buscando o sentido de sua vida. *A sete palmos* não é apenas sobre uma família de agentes funerários, é sobre um grupo de pessoas que precisa lidar com os seus sentimentos em relação à morte, para poder viver. A próxima pergunta é: essa é a melhor maneira de realizar a idéia? É fiel a si mesma?"

O que deve ser lembrado, contudo, é que a HBO levou anos para desenvolver sua estratégia competitiva e sua fórmula de programação – e, para isso, precisou tomar a decisão explícita de rejeitar tanto os pressupostos do setor quanto a métrica de desempenho que guia os executivos da televisão tradicional. A rede começou em 1972, na Pensilvânia, mas o ponto de inflexão estratégico só aconteceu em 1995, quando Chris Albrecht e Jeff Bewkes assumiram o comando. Albrecht e Bewkes convocaram o comitê executivo da rede e os principais responsáveis pela programação original. "Sempre nos descrevíamos como 'diferentes', 'dignos de nosso preço', '*melhores*'", relembra Albrecht. "Naquela reunião, concluímos que ainda estávamos longe disso, mas que a meta valia o esforço. A única maneira de avançar e ganhar o jogo era correr riscos e nos tornarmos diferentes dos outros."

Na reunião de 1995, lembra Bewkes, o time de liderança decidiu "ir até o fim e pular daquele precipício". Era um salto e tanto. A unidade não tinha rios de dinheiro para investir na programação, e não havia como medir o retorno do investimento. "Era uma grande confusão", recorda. "Mas dissemos: vamos realizar bons programas e ver no que dá. Resolvemos fazer as coisas com classe." O resultado dessa decisão foi uma década de criatividade artística e prosperidade financeira jamais vista na história da televisão.

Hoje, Albrecht e seus colegas reconhecem abertamente os perigos do sucesso e, por isso, estão comprometidos em manter uma troca de idéias estratégica e constante para definir o futuro – um futuro que permanece enraizado na missão central da rede ("Não é TV. É HBO."), mas avança em novas direções. Estão determinados a repetir os resultados do seu negócio sem se repetir no mercado. "Temos plena consciência de que o maior obstáculo ao nosso sucesso é o nosso próprio sucesso", garante Albrecht. "Será que vamos conseguir 124 indicações para o Emmy novamente? Não creio. Mas tudo bem, desde que possamos continuar desafiando nossa forma de pensar. 'Televisão' é um conceito finito. 'Não é TV' é um conceito *infinito*. O nosso slogan está ganhando um significado totalmente novo. Antes, era uma espécie de grito de rebeldia. Agora, é um princípio organizador para a nossa estratégia, que é a de não nos deixarmos limitar pelo conceito de televisão."

Uma das maneiras de ultrapassar a televisão é passar da tela pequena para a grande. A HBO está se reposicionando para moldar o mercado para grandes filmes independentes, assim como o moldou para bons programas de TV. O histórico recente da rede inclui produções como *Anti-herói americano* e *Últimos dias*. Em setembro de 2004, o jornal *Los Angeles Times* concluiu: "Há uma nova esperança para filmes com um espírito inovador e, por incrível que pareça, não está vindo de um estúdio novo ou de um cineasta criativo, mas da televisão."

Colin Callender, presidente da HBO Filmes, lembra quando ele e Chris Albrecht assumiram a produção de filmes, em 1999: "Olhamos à nossa volta e concluímos: todo mundo está nos copiando. O filme para TV, um gênero que nós inventamos, agora estava em todos os lugares. Então tivemos que nos reinventar. Fazíamos filmes que preenchiam uma lacuna no panorama da televisão, mas, quando pensávamos no panorama do cinema, víamos uma lacuna tremenda. Ninguém mais fazia filmes sofisticados, inteligentes, divertidos, adultos. Então resolvemos que os filmes da HBO preencheriam essa lacuna."

É assim que a HBO mantém a vantagem competitiva em relação a rivais com mentalidade imitadora. Agora ela está tentando encontrar novas maneiras de produzir e apresentar programas no panorama digital emergente, que oferece opções de entretenimento móveis – um panorama formado por tecnologias transgressoras que estão preocupando boa parte dos executivos de televisão. "Algumas empresas tradicionais podem ver essas mudanças como hostis", explica Callender. "Nós as vemos como aliadas. Essa nova onda de tecnologia potencializa nossa força. Estamos fazendo uso de uma nova tecnologia para vender um produto que era interessante, inovador e subvertia as regras. O setor de TV a cabo foi construído em cima da HBO. Agora temos a chance de repetir o feito."

É assim que funcionam as empresas que competem usando a originalidade de suas idéias. Os líderes não se satisfazem ao desafiar a lógica predominante de seus setores: também precisam repensar a lógica do seu próprio sucesso. É claro que Albrecht e seus colegas adorariam lançar outro fenômeno televisivo da cultura pop como *Sex and the City*. Mas eles não vão inventar o futuro da rede tentando repetir o seu passado. Seu plano é levar a sério a frase "Não é televisão" – disponibilizar seus programas numa ampla gama de dispositivos, em todo tipo de configurações, 24 horas por dia. Para isso, Albrecht já deu início a uma série de experiências de distribuição de conteúdo.

"Temos que ser *mais* agressivos e correr riscos *maiores* do que antes", diz ele. "Estamos efetivamente procurando novos precipícios dos quais pular. Fazemos coisas que ninguém mais vai fazer porque não podem nos alcançar nesse terreno. Não chegamos aqui seguindo as regras do jogo; chegamos aqui *criando* as regras do jogo."

Capítulo 2

A competição e suas conseqüências: transgressores, diplomatas e uma nova maneira de falar sobre negócios

Eu admito: admiro empresários que vibram com a oportunidade de subverter as regras do sistema e lutam por um futuro diferente e melhor para o seu setor. Num mundo de negócios definido pelo excesso de estratégias copiadas e por fórmulas competitivas que apelam para o mínimo denominador comum, é estimulante mergulhar numa empresa jovem e ousada como o ING Direct, acompanhar o vôo pouco ortodoxo de uma empresa inovadora como a Southwest Airlines rumo à liderança e assistir ao desempenho criativo e lucrativo da HBO. Se, na nova arena de competição, a disputa é de sistema de valores contra sistema de valores, não há nada mais valioso que empresas e executivos que entram nessa arena convencidos do mérito de seus próprios valores – e preparados para comunicar, de forma clara, essa confiança.

Reconheço que às vezes tudo isso se torna frustrante. A história do mundo dos negócios está repleta de cadáveres de Davis agressivos que não tiveram medo de encarar Golias – e não conseguiram escapar de seus golpes. Atiçar as chamas da competição é uma excelente maneira de injetar vigor no mercado e chamar atenção para o seu planejamento estratégico. Mas é também um convite a uma feroz reação por parte dos competidores. Se o seu time adota a estratégia de chutar bolas com efeito, adversários maiores, mais ricos e mais fortes podem responder com uma bomba na boca do seu estômago.

Marc Andreessen e Mike McCue aprenderam essa lição da pior maneira possível, num dos confrontos de Davi versus Golias mais famosos na história recente dos negócios – a ascensão, a retração e finalmente a venda da Netscape Communications. Andreessen era, na época, o genial programador de vinte e poucos anos que tinha fundado a Netscape, tornando-se uma celebridade de primeiro time quando a empresa abriu o capital, em 1995. McCue entrou para a Netscape em 1996 como vice-presidente da área de tecnologia, depois que a sua empresa (a Paper Software) foi adquirida por Andreessen.

Os dois foram as principais estrelas do crescimento explosivo da Netscape. Era neles que se concentravam todas as esperanças e sonhos de uma geração de programadores e empresários determinados a desafiar o domínio da Microsoft no ramo da informática. Mas os dois tiveram que assistir passivamente, sem poder reagir, quando Bill Gates lançou mão de um violento contra-ataque, mandando uma Netscape desmoralizada direto para os braços ávidos da America Online. (Não que a Netscape deva ser considerada um fracasso. A sua aquisição pela AOL foi estimada em 10 bilhões de dólares – nada mau para uma empresa com menos de cinco anos de vida.)

Hoje, Andreessen e McCue lideram outras empresas, ambas bem estruturadas, agressivas e ambiciosas – mas, definitivamente, mais cautelosas do que a Netscape. À primeira vista, McCue – um tecnólogo de trinta e poucos anos com um sorriso maroto, cabelo castanho desalinhado e bochechas lisas e coradas – parece um garoto-propaganda da face eternamente jovem do Vale do Silício. Ele poderia ser facilmente confundido com um dos jovens técnicos que circulam pelo estacionamento de sua empresa em motonetas. Como co-fundador da Tellme Networks, McCue levantou quase 250 milhões de dólares das maiores firmas de capital de risco para seguir um plano estratégico que ele chama de Dial Tone 2.0: a perspectiva de unir telefonia e internet para reinventar a forma como as pessoas usam o telefone e como as empresas se comunicam com – e como vendem para – os seus clientes. "Imagine pegar o telefone", diz McCue, "mas, em vez de discar 10 dígitos ou navegar por um labirinto de opções, ir direto ao assunto, dizendo: 'Quero falar com a minha mãe', 'Meu vôo está no horário?' ou 'A minha encomenda do FedEx já chegou?'."

As metas da Tellme são ambiciosas, especialmente num mundo onde 1 trilhão de ligações são feitas a cada ano, mais de 100 bilhões das quais direcionadas para serviços gratuitos, como o 0800. "Ambição é o que não nos falta", reconhece McCue. "Minha idéia é completar e atender todas as ligações do mundo." A Tellme ainda tem um longo caminho pela frente, mas já registra resultados impressionantes. Entre os seus clientes estão a American Airlines e o Merrill Lynch. A Tellme já responde por mais de 1 bilhão de chamadas por ano para serviços de informações e possui a maior infra-estrutura de VoIP do mundo.

Esse projeto arrojado, contudo, não vem acompanhado de uma retórica atrevida: McCue soa mais como um diplomata do que um transgressor; alguém que tem uma visão muito clara para reformular o seu setor, mas que não deseja criticar, menosprezar ou mesmo analisar a estratégia de seus concorrentes: "Na Netscape, a competição com a Microsoft era tão brutal que já acordávamos pensando em como iríamos lidar com eles, e não em como criar algo fantástico para nossos próprios clientes", recorda. "Basicamente, nós desafiamos a Microsoft. E pagamos bem caro por isso."

O que McCue aprendeu com a Netscape e levou para a sua nova empresa, que está crescendo exponencialmente, gerando altos lucros e lidando com os inúmeros e familiares perigos do sucesso? "O que eu compreendo agora é que você não pode nunca, jamais, deixar de pensar no seu cliente", diz McCue. "Mesmo diante da competição mais acirrada, não pense na concorrência. Esqueça que ela existe. Sempre que estiver numa reunião e se sentir tentado a falar sobre um concorrente, passe a refletir sobre o relacionamento com os seus usuários. Pense apenas nos clientes."

Andreessen, agora na casa dos 30, já é uma referência veterana na alta tecnologia: uma voz de experiência e sensatez num setor ainda repleto de pretensões grandiosas e retórica inflamada. A empresa que ele criou após a Netscape, a Opsware, já abriu seu capital, com um valor de mercado estimado, em fevereiro de 2006, em mais de 750 milhões de dólares. Seu foco está bem definido: o misterioso mundo da automação de bancos de dados. Andreessen valoriza o poder (e a necessidade) de estratégias de negócios e sistemas de valores que desafiem os pontos de vista já sedimentados.

"As únicas empresas novas que dão certo são aquelas baseadas em idéias que eram consideradas malucas na época em que foram criadas", diz Andreessen. "As grandes empresas já estabelecidas sabem executar muito bem as idéias que fazem sentido. Então, se você pretende abrir uma empresa, é bom ter uma idéia tão radical que a maioria a considere uma loucura. A Dell parecia uma loucura: uma empresa de computadores lançada em meio a uma enorme recessão em seu setor. As pessoas consideravam a idéia por trás da Netscape maluca, todo mundo dizia que nunca daria certo. O Google parecia outra idéia maluca também – *mais uma* ferramenta de busca, lançada em 1998, no auge da crise das empresas pontocom. Soava completamente lunático. O problema é que muitas idéias que parecem loucas realmente são loucas. Por isso, para cada Dell, Netscape e Google, há 300 empresas com idéias loucas que acabam falindo."

Outro problema, aponta Andreessen, é que freqüentemente as empresas com idéias malucas acabam entrando numa competição igualmente insana com as potências já estabelecidas. Ele acompanha, com certa satisfação, o mais recente caso de Davi contra Golias no Vale do Silício – uma luta que o faz lembrar, de forma sombria, suas próprias batalhas na Netscape. "O Google está sendo empurrado para um confronto direto com a Microsoft", adverte Andreessen. "Já vi esse filme antes: todo mundo adora a briga, todo mundo se mobiliza para assistir a essas batalhas sangrentas. Não entendo bem por que as duas empresas não podem sair ganhando. Um comportamento instintivo leva os dois lados para uma guerra sem limites. A única vantagem disso é que acaba chamando atenção para a sua empresa, que se torna mais conhecida. Mas uma das piores coisas no mundo dos negócios é quando todos conhecem bem demais o seu negócio."

Na fase de crescimento de sua nova empresa, Andreessen resumiu o que aprendeu com sua experiência na Netscape num documento chamado "Dez motivos pelos quais podemos sair do mercado". Tratava-se, como explicou a um jornalista na época, "de uma lista com as 10 ameaças mais graves" à empresa. "Não resta dúvida de que as ameaças levam a mente a se concentrar mais, assim como a perspectiva de um enforcamento iminente", diz Andreessen, que ainda procura disseminar e manter a simplicidade estratégica que a lista sugere.

A moral das histórias contadas por McCue e Andreessen é: você não precisa ser um líder inflamado ou ter uma empresa combativa para reconhecer o poder da estratégia como defesa de uma causa. A questão não é sair comprando briga com todo mundo, mas sim desenvolver um ponto de vista aguçado sobre o seu setor e oferecer alternativas bem definidas e convincentes para o modelo estabelecido de negócios. Às vezes, os inovadores com as jogadas estratégicas mais eloqüentes decidem que vão transmiti-las aos sussurros, e não aos gritos.

COMPETINDO SEM COMPETIR

Jim Buckmaster, CEO da Craigslist, o site de classificados que se tornou o favorito dos internautas, jamais poderá ser comparado ao agressivo Arkadi Kuhlmann, ao eloqüente Roy Spence ou à versão de vinte e poucos anos de Marc Andreessen. Ele tem a fala suave, é reservado na retórica e comedido na conduta. Mas a sua personalidade discreta (assim como a do fundador Craig Newmark) combinou perfeitamente com a idéia transgressora presente no âmago dessa empresa ímpar – fornecer um serviço de utilidade pública simples e objetivo, numa indústria saturada de pretensões exageradas, marketing invasivo e uma mentalidade de crescimento a todo custo.

"Não quero criticar as corporações", diz Buckmaster. "Nós mesmos somos uma corporação. Mas existe espaço para uma diversidade muito maior nas abordagens adotadas pelas empresas. Estamos tentando criar um exemplo modesto para as companhias americanas, algo que elas possam avaliar se é adequado."

A Craigslist, criada em 1995, administra sites cobrindo áreas que vão de São Francisco (sua base original) a Sydney, de Boston a Berlim, de Atlanta a Amsterdã. Mas ninguém na empresa fala em monetização de *pageviews*, maximização do número de cliques ou criação de demanda para *banners* com anúncios – a linguagem universal dos negócios na internet. Na Craigslist, os usuários trocam mensagens, vendem mercadorias e serviços, procuram imóveis e empregos num site que não cobra mensalidades, não aceita nenhum tipo de propaganda e não utiliza praticamente nenhum recurso gráfico.

Essa postura minimalista dá à Craigslist uma aparência simples, quase simplista: um jornalista disse, brincando, que o site tem "o fascínio visual de uma chave inglesa". No entanto, é exatamente nessa simplicidade que se encontra o centro de uma estratégia de negócios visionária. A empresa foi criada em torno do compromisso explícito de servir como uma alternativa aos modelos convencionais de negócios na internet. O propósito da Craigslist é "dar oportunidades às pessoas, divulgando ao máximo assuntos do mundo real e cotidiano". O seu compromisso é "restaurar uma voz humana na internet, de forma igualmente humana e não comercial". E seu foco está em "agir de maneira simples, com bom senso e pés no chão, do modo mais honesto e verdadeiro possível".

É aí que surge o lado educativo: esses valores genuinamente anticomerciais geraram um *must* da cultura pop e um patrimônio comercial valioso. O diretor de filmes independentes Michael Ferris fez um documentário chamado *24 Hours on Craigslist* (24 horas na Craigslist) que registra as curiosas paixões das pessoas que confiam no site. (A chamada do trailer era: "Existem sites sobre filmes. Este é um filme sobre um site.") O jornal *USA Today* descreveu o fenômeno da Craigslist da seguinte maneira: "Alguns dizem que o site é um fórum público. Outros, um veículo de classificados. Para muitos, é uma obsessão."

Os especialistas em estratégia de internet dizem algo diferente – é um negócio fantástico. Não é nenhum gigante multibilionário como o Google ou a Yahoo, mas esta é a parte mais importante: é uma empresa pequena muito bem-sucedida cujo alcance se amplia em todo o mundo, e cuja influência se expande pela internet. A Craigslist administra 190 sites em 34 países – sites que adicionam 6,55 milhões de novos anúncios classificados e têm mais de 3 bilhões de acessos feitos por 10 milhões de visitantes por mês.

Analistas financeiros estimam que a Craigslist – que jamais levantou um centavo de capital de risco e tem menos de 20 funcionários, que trabalham numa casinha vitoriana em São Francisco – poderia conseguir pelo menos 100 milhões de dólares se fosse colocada à venda: uma cotação de mais de 5 milhões de dólares por funcionário. (Por impressionantes que sejam esses números, já estarão defasados quando você ler este livro. A Craigslist está crescendo tão depressa, em tantos lugares ao redor do mundo, que é impossível citar qualquer dado sobre a operação que não esteja obsoleto quando for publicado.)

A revista *Fortune*, porta-voz extra-oficial do mundo corporativo, ficou admirada com os impressionantes resultados financeiros dessa pequena empresa. Num artigo chamado "Capitalismo de guerrilha" a revista estimou que os lucros da Craigslist em 2005 chegaram à casa dos 20 milhões de dólares, com custos anuais que não passam de 5 milhões. A conclusão da revista: "Trata-se de uma empresa que é indiferente ao dinheiro e que, no entanto, não pára de lucrar."

O CEO Buckmaster orgulha-se da trajetória nada ortodoxa da sua empresa rumo à prosperidade. A Craigslist implementou rupturas brutais (e eficazes) diante do mercantilismo que contamina boa parte da internet – e é exatamente esse o motivo pelo qual o site atrai seguidores fervorosos e se tornou tão forte, segundo Buckmaster. "Ao tentarmos fazer o oposto de outras empresas, acabamos nos fortalecendo", ele explica.

Por exemplo, a Craigslist tem uma política pouco convencional de investimento em sua marca – ela simplesmente não investe. "Não damos nenhuma atenção à marca", diz Buckmaster. "Não fazemos propaganda. Não temos uma logomarca. Nunca fizemos uma pesquisa de público-alvo. Não nos importamos com nada disso. E agora nos dizem que temos a marca mais forte de todos os tempos para uma empresa do nosso porte. É uma grande ironia."

A Craigslist também traz uma nova abordagem em relação à competição: não acredita nela. "Não estamos interessados em competir com ninguém. Consideramos que nossa missão é a de fornecer um serviço de utilidade pública. Nosso único interesse é criar algo da maior utilidade possível. Se as pessoas quiserem usar, ótimo. Se não quiserem, tudo bem. E, mesmo assim, somos um dos concorrentes mais ameaçadores para os jornais impressos." É verdade: só na região de São Francisco, os jornais estão perdendo de 50 a 65 milhões de dólares em renda anual gerada por anúncios classificados, por causa da Craigslist.

Acima de tudo, a Craigslist tem uma abordagem diferente em relação aos fatores econômicos – ela vive encontrando motivos para não cobrar dos seus clientes. Cobra apenas taxas modestas de empresas que publicam ofertas de trabalho em Los Angeles, São Francisco e Nova York. Há muito discutem a possibilidade de cobrar uma taxa de 10 dólares por cada oferta de apartamento em Nova York, num esforço para reduzir as 500 mil ofertas que o site recebe por mês, muitas delas repetidas. Newmark e Buckmaster também já discutiram a idéia de cobrar por ofertas de trabalho em algumas outras cidades, incluindo Boston, San Diego e Washington, para tentar reduzir a quantidade e aumentar a qualidade das ofertas. Mas o site é gratuito. Mesmo assim, a Craigslist gera lucros enormes, e o e-Bay, um titã da internet, adquiriu 25% de participação na empresa em 2004, para entender mais sobre ela – e estender seu próprio domínio no ramo dos classificados.

Esta é a maior ironia da Craigslist – e um exemplo da poderosa lógica da estratégia como defesa de uma causa: ao construir uma empresa em torno de um conjunto peculiar de valores e práticas anticomerciais, ela se tornou um grande patrimônio comercial. "Temos que gerenciar um negócio de peso, precisamos ter dinheiro em caixa, queremos ser uma empresa que dure muito tempo", diz Buckmaster. "Mas não temos a visão de que na internet é preciso 'demarcar território' ou 'chegar primeiro'. As empresas que têm pressa em dominar tudo rapidamente são as que acabam gastando todo o dinheiro. Com certeza, somos os excêntricos da internet, sempre fomos. Muitos debocharam da nossa empresa, sobretudo durante o boom das pontocom. Hoje, a maioria deles está falida."

O MODO COMO VOCÊ PENSA AFETA O MODO COMO VOCÊ FALA – COMO DESENVOLVER UM VOCABULÁRIO ESTRATÉGICO

Basta ouvir empresários com uma postura inovadora como Arkadi Kuhlmann e Jim Buckmaster para perceber rapidamente que o discurso deles não se parece em nada com o dos executivos tradicionais. Eles raramente usam o jargão convencional para explicar suas táticas. Sempre descrevem suas estratégias e práticas – as idéias que motivam suas empresas – de forma única, autêntica e até mesmo meio esquisita. Quantos banqueiros defendem as virtudes de "agitar" seus clientes?

Um sinal de que uma empresa está seguindo uma estratégia competitiva realmente original é a criação de seu próprio vocabulário. Não os neologismos técnicos das empresas convencionais, e sim uma linguagem autenticamente particular, que traduza o estilo que a empresa usa para competir, o modo como seus funcionários trabalham, os seus planos para prosperar e sua visão do que significa ser bem-sucedido. As aparências podem enganar, mas é possível avaliar uma empresa pela linguagem que ela usa. Por conceberem os seus negócios de maneira diferente, organizações inovadoras quase sempre falam sobre eles de uma maneira diferente. Elas criam um vocabulário estratégico que as distingue da concorrência e define as expectativas do mercado e de todos na empresa.

A melhor forma de avaliar o poder da linguagem nos negócios (e perceber como o seu próprio vocabulário anda ruim) é visitar uma empresa que tenha uma linguagem própria. Fiz uma visita à sede da Cranium, em Seattle: uma empresa jovem que se destaca no universo altamente complexo dos brinquedos e jogos. Não seria muito exagero afirmar que a Cranium está para os jogos de tabuleiro assim como a Pixar está para os desenhos animados – uma empresa inovadora novata que produziu uma série de sucessos ao injetar energia nova numa indústria esgotada e criar uma perspectiva diferente de competição.

A partir de novembro de 1998, a Cranium lançou conjuntos de jogos voltados para adultos, para crianças em idade pré-escolar e para praticamente todo mundo entre os dois extremos. Os jogos receberam críticas entusiasmadas e ganharam milhões de aficionados. O Cranium, homônimo da empresa, foi eleito o Melhor Jogo do Ano, em 2001, pela Associação da Indústria de Brinquedos, e é o jogo de tabuleiro independente de vendagem mais rápida de todos os tempos (atualmente ele está disponível em 10 línguas e 20 países, e já vendeu a assombrosa quantia de 5 milhões de unidades). O segundo título da empresa, o Cadoo, recebeu o prêmio de Melhor Jogo do Ano em 2002, e o Hullabaloo foi eleito o Melhor Jogo do Ano em 2003 e novamente em 2006.

Em menos de sete anos, a Cranium já recebeu mais de 80 prêmios e vendeu mais de 15 milhões de unidades de seus produtos, atraindo aproximadamente 30 milhões de pessoas para pelo menos um de seus jogos. É um desempenho inédito numa indústria de 20 bilhões de dólares que está entrando em recesso, prejudicada pela fascinação das crianças com os computadores, a internet, os videogames e todas as formas de entretenimento eletrônico, além do domínio da Wal-Mart, nos Estados Unidos, sobre a distribuição de brinquedos e jogos tradicionais, que resultou na falência ou na humilhação de lojas tradicionais e teve um impacto devastador na cadeia de vendas. Há muito tempo o universo dos brinquedos deixou de ser divertido – a não ser, é claro, que você trabalhe na Cranium.

O sucesso da Cranium deixou todos intrigados. Seria o resultado de um bom trabalho de relações públicas? (Quando Julia Roberts foi ao programa da Oprah e se declarou uma fã de carteirinha do Cranium, a popularidade do jogo foi às alturas.) Seria o seu incomparável recorde de vendas uma prova do poder de embalagens inteligentes e um design moderno? Ou o fenômeno estaria relacionado a algo mais profundo, um espírito "Nova Era" que toma conta da sociedade? Num longo artigo para o suplemento literário do *The New York Times*, o escritor Clive Thompson avaliou minuciosamente o desempenho da Cranium no mercado e concluiu: "Por que a empresa fez sucesso no mercado? Porque ela aparentemente descobriu como reunir crianças e famílias para brincarem juntas: um jogo em que ninguém perde."

Richard Tait, co-fundador da Cranium, está convencido de que, por trás do crescimento contínuo da empresa, há uma estratégia de negócios transgressora – e que no cerne dessa estratégia está uma linguagem interna própria da empresa, que traduz as idéias que a definem. O modo como a Cranium concebe seu negócio define como todos na empresa falam sobre ele, tanto entre si quanto para as pessoas de fora. E o fato de todos na empresa falarem do negócio da mesma maneira permite que ela continue a apresentar novos jogos, buscando outras fatias do mercado, até mesmo aventurando-se além do território dos jogos de tabuleiro para a publicação de livros, a televisão e outras áreas, sem se afastar dos seus valores essenciais.

"A idéia original não era fazer jogos", explica Tait, que foi uma estrela em ascensão na Microsoft antes de decidir, com o co-fundador Whit Alexander (outro veterano laureado da Microsoft), trocar os rigores do software pela diversão dos jogos. "Queríamos oferecer uma alternativa de entretenimento e criar um movimento em torno dessa alternativa. Uma boa parte do entretenimento é destrutiva e degradante. Veja os programas de televisão: 'Você está despedido!', 'Você é o pior do time!', 'Quem vai dormir com a namorada de quem naquela ilha?' O nosso momento transgressor surgiu quando pensamos: 'Vamos criar experiências iluminadoras, uma combinação única de diversão e aprendizado que dê a todos uma oportunidade para brilhar. As pessoas vão rir, se emocionar, se relacionar e, ao mesmo tempo, ficarão um pouco mais inteligentes.'"

Essa linguagem, que reflete um senso genuíno de missão e um gosto pela interação entre seriedade de propósito e diversão pura, permeia todos os aspectos da administração da Cranium. A vida lá dentro soa diferente da vida em outras empresas. O cartão de visita de Jack Lawrence, diretor financeiro, o identifica como "Professor Lucro". Catherine Fisher Carr, responsável pelo conteúdo dos jogos, possui o título "Guardiã da Chama". Os consumidores não são meros clientes, são "craníacos" – jogadores que compartilham a paixão e os valores que dão vida à empresa que produz os jogos.

Para as pessoas de fora, os cargos excêntricos e o vocabulário particular da Cranium podem soar forçados, artificiais ou mesmo irritantes. Mas, para Richard Tait, esse vocabulário é fundamental para a estratégia de negócios e o sucesso operacional da companhia. "Todas as grandes empresas possuem uma cultura característica, e cada cultura tem uma linguagem, um senso compartilhado de valores", afirma Tait. "Aqui, estabelecemos uma cultura inabalável. Nós a defendemos, cuidamos dela e a aperfeiçoamos. E, como parte dessa cultura, existe um vocabulário." Todo mundo na Cranium pode falar sobre a personalidade e o desempenho dos jogos – como devem se parecer, como devem ser montados, como serão suas instruções.

Várias vezes, enquanto mergulhava em empresas com estratégias de negócios originais e que rompiam os padrões, descobri uma linguagem exclusiva, um vocabulário de competição criado para traduzir os valores da empresa e o modo como seus funcionários trabalham em conjunto para fazer avançar seus objetivos.

O QUE SIGNIFICA SER BEM-SUCEDIDO – CRIANDO O FUTURO AO RECRIAR UM SETOR

É claro que existe um abismo profundo separando o espírito liberal do universo dos jogos, ou da publicidade, das exigências opressivas do setor de construção civil. Mas, ao entrar nas instalações da empresa de construção DPR Constructions Inc., em Redwood City, na Califórnia, ao lado do co-fundador e presidente Doug Woods, percebi que estava diante de outra empresa que fala um idioma próprio.

Doug Woods passou a vida inteira construindo conjuntos de escritórios, fábricas de alta tecnologia e laboratórios de pesquisa. O invejável histórico de sucesso da DPR (a empresa gera um lucro anual de mais de 1 bilhão de dólares e recebe elogios dos gurus da indústria, que a consideram a melhor de sua classe) foi impulsionado por um compromisso explícito de reconstruir um setor ultrapassado da economia. Desde o início, a DPR aderiu ao poder da estratégia como defesa de causa: ela desejava crescer como empresa tornando-se uma força transgressora em seu setor. A ideologia seguida por Woods e os co-fundadores da DPR, Peter Nosler e Ron Davidowski, pode ser resumida assim: "Nós existimos para criar coisas incríveis. Precisamos ser diferentes e mais modernos do que todas as outras empresas de construção. Nós defendemos uma causa."

A DPR adota uma abordagem dos negócios que reconhece e soluciona algumas das armadilhas mais notórias da construção: estimativas de preço pouco confiáveis, custos excedentes intermináveis, cronogramas ou prazos não cumpridos, projetos finalizados com uma lista perpétua de reparos, processos e conflitos entre construtores e clientes. Woods e seus colegas não deixaram escapar nenhum detalhe em sua crítica ao que estava errado na indústria à qual dedicaram suas vidas profissionais. "Tentamos seguir o exemplo de algumas empresas de alta tecnologia", explica Woods. "O Vale do Silício tem sido um campo de provas para as pessoas que criam novas formas de fazer negócios. Era isso o que queríamos ser no ramo da construção."

A DPR foi responsável, por exemplo, pela sede do estúdio de animação Pixar, a fábrica de sonhos onde Steve Jobs e seus colegas criaram sucessos como *Procurando Nemo* e *Os Incríveis*.

Construiu imensos complexos corporativos para alguns gigantes da tecnologia e grandes fábricas de chips de computadores. Conquistou também a liderança nas áreas de biotecnologia, indústria farmacêutica e laboratórios de última geração. Construções desse tipo exigem uma atenção tremenda aos detalhes, têm orçamentos milionários e não permitem nenhuma margem de erro.

No início da DPR, ter sucesso significava ser reconhecida como uma empresa diferente, inovadora, de mentalidade revolucionária numa indústria muito lenta. À medida que a DPR cresceu e prosperou, sua estratégia e sua ideologia permaneceram as mesmas, mas a sua definição de sucesso se tornou decididamente mais ambiciosa.

"Eu nunca quis ser igual aos outros", diz Woods. "E não quero que a DPR seja como as outras. Queríamos criar uma nova cultura, uma nova maneira de fazer negócios nesse setor."

A DPR é uma empresa que acredita piamente no poder da linguagem e dos símbolos. Nas paredes da matriz há slogans como "Nós existimos para criar coisas incríveis" e "Ultrapasse todas as expectativas". O vocabulário estratégico é mais do que um simples discurso. Um dos lemas essenciais da empresa é "Sempre adiante" – em resumo, o compromisso de esforçar-se para melhorar cada vez mais, sejam quais forem as demandas do mercado. "Nós acreditamos que é possível, de maneira contínua e por conta própria, mudar, aperfeiçoar, aprender e elevar os padrões."

"No cerne de toda grande empresa existe um senso claro de propósito", diz Peter Salvati, um executivo sênior da DPR que trabalha no escritório da empresa em San Diego. "Uma coisa que sempre me diverte, e provavelmente já fiz isso com centenas de clientes, é sugerir que perguntem às outras construtoras: 'Por que a sua empresa existe?' É preciso ter essa resposta na ponta da língua, mas a maioria das pessoas apenas olha com uma cara espantada, dá de ombros e diz: 'Para ganhar dinheiro, eu acho.' Para nós é diferente."

Ser diferente fez toda a diferença para a DPR. Não resta dúvida de que a empresa prosperou ao lançar uma estratégia de negócios transgressora em seu setor. Mas a medida definitiva do seu desempenho é a influência que exerce no restante desse mesmo setor – o que nos leva de volta à estratégia como defesa de causa. Em outras palavras, a DPR quer que a sua concepção de sucesso seja adotada pelos seus concorrentes como padrão de procedimentos operacionais. "Se você realmente está construindo coisas incríveis, então os outros deveriam estar seguindo a sua cartilha, tentando seguir o seu exemplo", diz Salvati. Doug Woods acrescenta: "Isso não tem nada a ver com uma questão interna da DPR. Tem a ver com ser uma força de transformação. Queremos liderar o setor rumo a um futuro melhor."

Essa é a essência da estratégia e da lógica de competição de todas as empresas inovadoras. É claro que pode parecer mais seguro, mais prudente, mais convencional estruturar um plano estratégico para a sua empresa que se conforme às regras geralmente aceitas de como funciona o seu setor. Mas, se esse é o caminho para o sucesso, por que tantas indústrias estão comendo o pão que o diabo amassou? Esta simples pergunta expõe a inutilidade, a longo prazo, de uma fórmula de negócios baseada na estratégia da imitação. Como diz Arkadi Kuhlmann, diretor do ING Direct: se você faz tudo igual a todo mundo, como espera se sobressair?

Capítulo 3

Mensagens inovadoras (1): como avaliar a sua estratégia

Poucas empresas planejam, de modo consciente, ser apenas mais uma na multidão, com um modelo de negócios banal, seguindo uma fórmula gasta, que não se diferencia de todas as outras. No entanto, em todos os setores, é exatamente dessa maneira que a maioria das empresas acaba competindo, e é por isso que a competição parece ser tão implacável.

Em seu altamente influente livro *O dilema da inovação*, Clayton M. Christensen chamou a atenção das empresas para o poder das "tecnologias transgressoras" – as inovações digitais que reformularam o funcionamento econômico de um segmento de produção, ou mesmo de setores inteiros. Acredito que uma nova onda de inovações estratégicas esteja crescendo, e ela diz respeito a pontos de vista transgressores. Os líderes inovadores não se esforçam apenas para montar empresas de alto desempenho. Eles têm metas arrojadas. Criam uma vantagem competitiva em torno dos pontos fracos de seus setores. Apresentam uma nova visão do mundo que encanta seus clientes, estimula seus funcionários e molda seus negócios, dos mercados-alvo aos clientes que atendem, passando pelas mensagens que transmitem. Eles compreendem que a única forma sustentável de liderança de mercado é a liderança do pensamento.

Roy Spence, da GSD&M, chama a sua meta principal de "posicionar-se além da derrota" – ou seja, ter tanta clareza do propósito de uma empresa e estar tão determinado a transformar esse propósito numa série de estratégias de negócios, práticas operacionais e mensagens para o mercado que as respostas competitivas tradicionais se tornam ineficazes. "As pessoas não têm tempo para empresas confusas", argumenta. "A Neiman Marcus sabe que é voltada para gente rica. Tudo bem. Já o negócio da Nike é esmagar seus concorrentes. Que seja. As empresas que encontram problemas são as que ainda não compreenderam ao certo a sua própria identidade."

"Posicionar-se além da derrota" – e pensar sobre os valores que uma organização e suas lideranças representam – implica fazer cinco perguntas a respeito da estratégia da sua empresa.

1. Você tem um propósito específico ou transgressor que o diferencia de seus concorrentes?

Esta é a grande questão que destaca os inconformistas de seus concorrentes sem personalidade. Os fundadores da DPR Construction estavam determinados, desde o momento em que fundaram a empresa, a avaliar de maneira honesta as fraquezas inerentes ao seu setor, e a construir uma organização capaz de prosperar corrigindo essas fraquezas. Os fundadores da Cranium não abriram uma firma porque tinham uma boa idéia para um único jogo de tabuleiro. Em vez disso, eles tinham uma crítica abrangente sobre o que estava errado com o entretenimento familiar – e um sentido de missão, determinado e intransigente, de fornecer uma nova alternativa, não somente por meio de jogos de tabuleiro, mas também da publicação de livros, da criação de programas de televisão e outros ramos de negócios nos quais a Cranium começou a investir após o seu sucesso esmagador com os jogos.

Mesmo quando a sua empresa era novata, os fundadores da Cranium acreditavam que as apostas seriam altas – e agiam como se fossem, não pensando somente em jogos, mas refletindo sobre como os pais poderiam se relacionar com seus filhos, e como as famílias poderiam interagir. "Sempre agimos como se fôssemos uma empresa muito maior do que realmente éramos", diz Richard Tait. "Ainda somos relativamente novos em nosso setor, mas nos comportamos como se fôssemos um movimento global. Isto aqui não é um emprego. É a busca de um sonho, o sonho de dar a todos a oportunidade de se destacar. É um objetivo grande e impalpável, mas não vamos desistir, pois temos a convicção de que estamos progredindo."

Sem dúvida, trata-se de ideais elevados. Mas não se deve confundir ideais elevados com ambições modestas. As empresas que fazem as críticas mais ferrenhas aos valores de cada setor acabam sendo as competidoras mais inteligentes e agressivas. O valor de mercado da Southwest Airlines ultrapassa o valor de mercado de todas as outras companhias aéreas americanas juntas. A HBO, com sua obsessão por qualidade, foi a primeira rede na história da televisão a gerar mais de 1 bilhão de dólares em lucros anuais. O ING Direct possui ativos de mais de 40 milhões de dólares por funcionário, enquanto a média dos bancos americanos é de 5 milhões por funcionário. Em outras palavras, a empresa de Arkadi Kuhlmann é oito vezes mais produtiva do que as suas concorrentes, na geração de ativos. Quem disse que valores nobres não podem render resultados fantásticos?

2. Você tem um vocabulário de competição que seja exclusivo em seu setor e cativante para seus empregados e clientes?

Estamos falando de uma linguagem de negócios real, verdadeira, exclusiva da sua empresa. O Commerce Bank, uma incrível empresa de serviços financeiros, tem uma estratégia tão peculiar e um vocabulário tão próprio que chegou até a publicar um dicionário. Funcionários novos aprendem que podem dizer "sim" a um cliente por conta própria, mas devem consultar o seu supervisor antes de dizer "não". "Eles aprendem a motivar clientes e criar momentos agradáveis, de modo que cada cliente saia do Commerce sorrindo." E assim prossegue o dicionário, explicando termos que acabam se tornando quase instintivos – e que transformam o Commerce num competidor único.

Pense num dos negócios mais maçantes e de crescimento mais arrastado do mundo. Assim como a Southwest Airlines registrou um desempenho que desafia a gravidade num setor basicamente morto, a Whole Foods Market introduziu um novo modelo de competição num negócio desgastado por estratégias de cópia. Essa sofisticada cadeia de mercearias inaugurou sua primeira loja em 1980 – e abriu seu capital na Bolsa em 1992. Em 2005, ela possuía 170 filiais, 33 mil empregados e 4 bilhões de dólares de receita – e um desempenho no mercado de ações mais próximo do Google que de seus rivais, cujo retorno é reconhecidamente baixo. (Um investimento de 100 mil dólares na oferta pública inicial de ações valia 3,5 milhões de dólares, 13 anos depois.)

O sucesso da Whole Foods não tem a ver somente com produtos orgânicos e iguarias incrivelmente caras. Tem a ver com uma estratégia de negócios realmente original, que a destaca dos concorrentes e molda o que a empresa vende e como ela funciona. O presidente e CEO da Whole Foods, John Mackey, desenvolveu uma ideologia de negócios que combina o impulso libertário, os compromissos de vender comida saudável e de garantir um tratamento sem crueldade para os animais, a disposição de compartilhar informações financeiras, a distribuição do poder de decisão por toda a empresa e um autêntico gosto pelo crescimento.

Essa ideologia competitiva dita a forma como a empresa se comunica com seus funcionários, clientes e até mesmo com os investidores. A Whole Foods preparou uma "Declaração de Interdependência" que não tem nada em comum com as declarações de princípios genéricas e batidas que a maioria das empresas gruda nas paredes dos escritórios, para nunca serem lidas. Esse documento cuidadosamente elaborado, ao mesmo tempo inspirador e sincero, termina com a rara (e revigorante) afirmação de que a empresa, como qualquer outra, nem sempre segue à risca os ideais que defende. A Declaração "reflete esperanças e intenções": "Não acreditamos que ela sempre represente o modo como a Whole Foods Market funciona na prática, mas diz como gostaríamos que funcionasse. É a nossa insatisfação diante da realidade presente, quando comparada com o que podemos realizar, que nos impulsiona rumo à excelência e à criação de profissionais, empresas e um mundo melhores."

Empresas que pensam de forma diferente sobre seus negócios falam de modo diferente sobre eles. Que língua a sua empresa fala?

3. Você está preparado para rejeitar oportunidades que oferecem benefícios a curto prazo, mas que desviam a sua organização da sua missão a longo prazo?

O caminho da prosperidade é determinado, em parte, pela estrada que as empresas *não trilharam* – a escolha de não investir em mercados que pareciam sedutores mas não estavam em sintonia com a estratégia da empresa, ou a decisão de recusar clientes que podiam gerar resultados financeiros mas não se encaixavam na estratégia formulada.

Scott Bedbury, um mago do marketing que desempenhou um papel fundamental na construção das marcas Nike e Starbucks, gosta de dizer que algumas das melhores coisas que fez foram as oportunidades de crescimento que deixou passar: "Só porque você pode, não significa que você deve", ele diz.

Isso ajuda a entender por que o ING Direct desperdiça oportunidades de negócios que deixariam banqueiros tradicionais com água na boca. E explica por que Craig Newmark e Jim Buckmaster, da Craigslist, estão determinados a continuar encontrando motivos para não cobrar mensalidades, mesmo que os usuários fiéis do site, tanto compradores quanto vendedores, estejam dispostos a pagar pelo serviço. Também mostra por que a Southwest Airlines jamais adotou algumas práticas comuns entre seus concorrentes.

"As decisões 'invisíveis' que você toma para se manter fiel a seu propósito podem ser 10 vezes mais importantes do que as visíveis", argumenta Roy Spence. "Não há nada mais difícil do que recusar uma oferta atraente. Mas nada é mais importante."

4. Você sabe ser provocador sem provocar oposição?

Um teste básico para qualquer aspirante a inovador é verificar se ele sabe ser um diplomata convincente. Essa percepção ajuda a entender a ascensão e queda da Netscape, a empresa que definiu sozinha o fervor revolucionário do boom das pontocom. No fim das contas, brandir a bandeira da revolução nas barbas de Bill Gates e seus colegas obrigou a Netscape a erguer a bandeira branca como empresa independente.

Mesmo um inovador inveterado como Arkadi Kuhlmann valoriza as virtudes da diplomacia. Não em relação a seus concorrentes, mas com seus próprios colegas. Afinal de contas, o ING atua em vários negócios que Kuhlmann adora criticar, de hipotecas a cartões de crédito. Ele é, portanto, cauteloso, garantindo aos seus parceiros holandeses que é não apenas um reformador do setor, mas alguém que joga no mesmo time. Em 1990, quando lançou o ING Direct Canada, Kuhlmann batizou as salas de conferência da sede do banco com nomes de cidades holandesas – um gesto simbólico que foi bem recebido em Amsterdã.

5. Se a sua empresa falisse amanhã, quem realmente sentiria a sua falta, e por quê?

Ouvi esta pergunta pela primeira vez do inconformista da propaganda Roy Spence, que por sua vez a ouviu do guru da estratégia Jim Collins. Seja qual for sua fonte original, a pergunta é tão profunda quanto simples, e vale a pena levá-la a sério ao se avaliar estratégia e competição.

Por que alguém sentiria falta de uma empresa? Porque ela está fornecendo um produto ou serviço tão especial que não pode ser suprido por nenhuma outra empresa.

Porque criou um ambiente de trabalho tão dinâmico que a maioria dos funcionários teria dificuldade em encontrar algo parecido em outro lugar. Porque estabeleceu um relacionamento emocional singular com seus clientes, que as outras empresas não podem imitar. São bem poucas as empresas que conseguem atender a algum desses critérios, o que talvez explique por que tantas sentem que estão prestes a falir.

A HBO não está entre elas. No atual universo de 500 canais na TV a cabo americana, é difícil argumentar que os telespectadores ficariam olhando para as paredes (ou talvez lendo um livro) se a HBO desaparecesse da telinha. Mas um grupo vital sofreria um dano irreparável – a parcela cada vez maior de roteiristas, diretores, atores e produtores que acreditam não dispor de outro espaço na televisão para os seus trabalhos mais ousados. "Eles dizem: 'Queremos a sua voz. Queremos a sua visão. Queremos a história que está na sua cabeça.' E estão falando sério", elogia o criador do seriado *A sete palmos*, Alan Ball. "Isso pode parecer óbvio, mas nas redes de TV cada decisão precisa ser aprovada sucessivamente por vários executivos. Na HBO eles o deixam decidir e, na maioria das vezes, confiam no seu instinto." (Em vez de voltar para o cinema após seu seriado ter ido parar... a sete palmos, o ganhador do Oscar Alan Ball renovou com a HBO, à frente de dois outros projetos.)

A questão não é a grade de programação ou a estratégia tecnológica da rede. A vantagem competitiva da HBO mais difícil de ser copiada (e, conseqüentemente, a parte do seu negócio da qual as pessoas sentiriam mais falta) é a sua capacidade de atrair e valorizar talentos de Hollywood que até então desprezavam a televisão. "As pessoas sempre se fixam nas liberdades que a HBO concede ao conteúdo, como se fosse uma vantagem injusta", diz Carolyn Strauss, que trabalhou a vida inteira com televisão e é presidente da HBO Entertainment. "Mas as liberdades realmente importantes não envolvem falar palavrões, ficar nu ou arrebentar os miolos de alguém. Dizem respeito a expressar um ponto de vista diferente, e permitir que a voz do criador possa ser ouvida do modo mais livre possível."

São exatamente essas liberdades, cuidadosamente protegidas pela liderança da rede, que levam algumas das maiores estrelas e cineastas entre os mais respeitados do mundo – de Paul Newman a Tom Hanks e Mike Nichols – a apresentar seus projetos prediletos à HBO. Albrecht entende que há "uma oferta limitada de gente incrivelmente talentosa, capaz de criar programas de televisão que dêem certo" e que a maioria "tem mais chance de ficar rica e famosa em outro lugar". Então ele faz com que a experiência de trabalhar na HBO seja memorável – o tipo de experiência de que roteiristas, diretores e atores sentiriam falta se a empresa desaparecesse. "Caso o seu interesse esteja no trabalho em si", ele diz, "existem pouquíssimos outros lugares em televisão onde você pode dar as cartas como criador." Essa liberdade criativa é uma parte essencial da estratégia competitiva da HBO.

Você consegue identificar algo no modo como a sua empresa funciona que faria falta no mercado, caso a empresa desaparecesse? Se a resposta for negativa, há algum bom motivo para que sua empresa não esteja correndo o risco de desaparecer?

PARTE 2

Reinventando a inovação

Capítulo 4

Idéias ilimitadas: por que nenhum indivíduo é mais esperto do que um grupo

"A mineração de ouro é um setor antigo e desgastado. O ritmo de mudanças é extremamente lento. Tradicionalmente, as empresas de mineração se preocupavam com músculos, não com cérebros. Queríamos fazer algo que ninguém no setor tinha feito: mobilizar o capital intelectual do mundo inteiro."

Rob McEwen, ex-Presidente e CEO da Goldcorp Inc.

Rob McEwen estava ficando sem idéias e sem paciência. Já tinham se passado mais de cinco anos desde que ele apostara em algo que a maioria dos executivos em sua área de negócios considerava "ouro de tolo": adquiriu uma mina com histórico de baixa produtividade, investimento escasso e relações de trabalho ruins. A mina de McEwen ficava localizada em Red Lake, no Noroeste de Ontário, uma região que, desde a descoberta do ouro, em 1920, produziu mais de 24 milhões de onças, praticamente 10% do rendimento total da riqueza em ouro do Canadá.

Aquela infeliz propriedade ficava ao lado da mina Campbell Lake, confiável e produtiva, que já havia gerado 9 milhões de onças ao longo dos anos. Em algum lugar de sua propriedade de 22 mil hectares tinha que haver abundantes depósitos de minério, pensava McEwen. *Mas onde*? Ele decidiu então investir pesado e liberou mais 10 milhões de dólares para que os geólogos da Goldcorp Inc. explorassem a mina falida de Red Lake, situada a mais de 2.000km da sede da empresa, no Centro de Toronto.

Em pouco tempo os geólogos lhe deram notícias animadoras: em nove dos poços que haviam perfurado, a concentração média de minério bruto era 30 vezes mais rica do que a que a Red Lake estava produzindo na época. Eureca! A Goldcorp tinha descoberto ouro. Mas a descoberta levantava mais perguntas do que soluções. "Qual o tamanho das reservas?" McEwen e seus geólogos não sabiam. "Onde estavam os melhores pontos de exploração para a perfuração profunda?" A equipe não sabia. "Quanto tempo e dinheiro seria preciso investir para descobrir tudo isso?" Ninguém estava disposto a formular uma estimativa confiável.

Mais de um ano se passou enquanto a Goldcorp se esforçava para entender a sua promissora descoberta e avaliar as suas perspectivas reais. Cansado, frustrado e ansioso por fugir um pouco do trabalho pesado, McEwen – um aficionado de ciência e tecnologia – foi passar uma semana no MIT, com uma delegação de presidentes e CEOs de outras empresas, debatendo as novas tendências em tecnologia da informação. Uma parte da programação era dedicada ao Linux e ao software livre – programas de computador desenvolvidos por programadores espalhados pelo mundo, pessoas apaixonadas o bastante pela sua profissão ou que têm um interesse tão grande no sucesso do projeto que oferecem seu tempo e conhecimento para desenvolver software que não pertence a nenhuma empresa, mas é imprescindível para a vida (ou o trabalho) de milhões de pessoas.

Durante anos, programas livres como Apache, Perl e Sendmail atuaram como a espinha dorsal invisível e fundamental da internet. O conceito faz parte da vida daqueles que vivem em torno da rede, mas pode ser confuso para nós, leigos: a plataforma tecnológica mais importante do mundo está fundamentada em idéias e programas gerados, quase todos, por um grupo descentralizado de programadores voluntários – sendo que a maioria nunca se viu pessoalmente, e poucos trabalham juntos, num esquema formal. (Mas isso não significa ausência de fins lucrativos. O software livre gerou um fluxo de investimentos de capital de risco nas empresas que vendem soluções prontas, fornecem serviços ou comercializam programas desse tipo. Somente em 2004, segundo o *The New York Times*, investidores de capital de risco injetaram 149 milhões de dólares em empresas novatas criadas em torno de sistemas abertos.)

No caso do Linux, a contribuição voluntária de grupos autogerenciados de programadores de diversas partes do mundo levou ao desenvolvimento de um sistema operacional presente numa parcela cada vez maior de servidores em todo o planeta – que, no caminho, tornou-se um forte competidor no setor de software básico. Algumas das maiores empresas de tecnologia do mundo, incluindo a IBM, a Hewlett-Packard e a Intel, alocam centenas de programadores e grandes recursos financeiros para a causa do Linux. O grosso da ação, contudo, fica por conta dos voluntários, que criam novas funções, escrevem códigos, corrigem falhas e compartilham livremente suas idéias com todos os participantes do projeto.

Quanto mais McEwen aprendia sobre o fenômeno do software livre, mais intrigado ficava. Ele acabou chegando à conclusão de que as pessoas não precisavam trabalhar *na* empresa dele para trabalhar *para* ele. Ele podia garimpar estratégias de perfuração vindas dos quatro cantos do mundo. "De repente eu tive uma idéia", lembra. "Aquele era o modelo que eu estava procurando! Voltei correndo para Toronto, convencido de que tínhamos que mudar a forma de pensar a mineração da Goldcorp. Eu queria criar uma nova abordagem para a exploração da mina de Red Lake."

McEwen apresentou a sua idéia, em termos gerais, para os geólogos e executivos da Goldcorp. A empresa usaria a internet para disponibilizar todos os seus dados sobre a mina – que equivaliam a 50 anos de mapas, boletins e informações geológicas não analisadas – junto com um software que exibia as informações em 2D e em 3D. O passo seguinte seria convidar cientistas e engenheiros de várias partes do mundo para baixar os dados, analisá-los como bem entendessem e depois encaminhar planos de perfuração para a Goldcorp, que reuniria um júri altamente qualificado para avaliar as sugestões. O objetivo era ajudar a empresa a encontrar 6 milhões de onças de ouro. Ao contrário dos primórdios do Linux, o trabalho não seria feito por amor ou como um símbolo de rebeldia. Haveria um prêmio – 500 mil dólares em dinheiro, a serem divididos pelos 25 semifinalistas e os três finalistas escolhidos pelos jurados.

McEwen estava eufórico. Muitos dos seus colegas ficaram horrorizados. Como a Goldcorp podia compartilhar seus dados mais secretos com o resto do mundo? Era como se a Coca-Cola decidisse abrir o cofre e publicar sua fórmula secreta. Para McEwen, aquele era um modo de pensar ridiculamente ultrapassado. "Todos nós temos aquela imagem do século XIX, de um garimpeiro com sua mula e uma picareta, que não conta para ninguém onde encontrou o ouro", ele diz. "Muita gente no setor ainda pensa assim, mas não faz sentido. Alguns executivos perguntaram: e se alguém resolver comprar toda a terra à nossa volta? Eu respondi: temos 22 mil hectares. Vamos nos preocupar com isso primeiro."

A maior preocupação, no entanto, era o que o resto do mundo ia pensar da Goldcorp: por que os seus executivos e geólogos não encontravam o ouro por conta própria? "Um pouco antes de começarmos, a resistência realmente aumentou. Será que o resto do mundo não vai nos considerar imbecis?", lembra McEwen. O chefe decidiu usar aquelas preocupações normais a seu favor. Muitos geólogos da Goldcorp já tinham escolhido seus alvos, os lugares onde acreditavam que a empresa ia encontrar minério. A Goldcorp não divulgou esses alvos, mas estava curiosa para ver se alguém fora da empresa chegaria às mesmas conclusões. "Se as pessoas que enviarem planos acharem que o seu alvo é o lugar certo para explorar, isso será ótimo para vocês", ele garantiu aos céticos. "E todos vamos ganhar se fizermos uma grande descoberta, após essa injeção de capital intelectual." Ele transformou cada objeção em um benefício.

Assim nasceu o Desafio Goldcorp. Num badalado evento anual do setor, McEwen lançou o concurso. Em sua maioria, os executivos e analistas financeiros presentes ficaram perplexos, sem contar aqueles que reagiram com extrema hostilidade. "Todo mundo achou que estávamos loucos", recorda McEwen. "Eles rechaçaram a idéia na hora." Mas, assim que a notícia se espalhou pela comunidade mundial de cientistas e geólogos do setor de mineração, foi recebida com entusiasmo – uma corrida do ouro virtual.

Mais de 1.400 participantes qualificados ("exploradores online", na linguagem do Desafio) tiveram acesso aos preciosos dados da Goldcorp. Mais de 140 participantes processaram os números, rodaram os dados usando diversos programas e encaminharam sugestões de exploração detalhadas. Mais da metade dos alvos identificados pelas sugestões vencedoras era novidade para a Goldcorp – locais que a empresa nem sequer tinha considerado explorar. Vários anos após o término do Desafio, a Goldcorp *ainda* estava perfurando alvos identificados pelos vencedores. Inspirada pelo sucesso do Linux e do software livre, a empresa encontrou uma nova maneira de descobrir ouro.

Rob McEwen ainda fica admirado com a empolgação e o capital intelectual desencadeados pelo concurso em todo o mundo. Ele recebeu sugestões de 51 países, e os semifinalistas eram do Canadá, Austrália, Rússia, Estados Unidos e Espanha. Porém, mais impressionante do que a *quantidade* de idéias que chegaram até Toronto foram a diversidade e a originalidade das sugestões encaminhadas. A Goldcorp estava acessando áreas técnicas absolutamente diferentes e recebendo propostas de cientistas com perspectivas inéditas sobre como analisar os dados. Graças ao Desafio, a Goldcorp teve acesso a campos de pesquisa e formas de raciocínio que jamais alcançaria por outras vias.

"Eu esperava encontrar diversos geólogos usando as ferramentas de sempre – análise geofísica, análise geoquímica", lembra McEwen. "Mas também tínhamos candidatos usando matemática aplicada, física avançada, sistemas inteligentes, computação gráfica. Quando abri uma das propostas (que seria a vencedora), quase caí da cadeira. Era uma representação visual do nosso agregado de minério que transmitia de forma impactante o que ocorria debaixo da terra. Eu *jamais* havia visto computação gráfica daquele tipo."

O setor, por sua vez, jamais havia visto crescimento semelhante ao do desempenho operacional e do valor das ações da Goldcorp. Atualmente, Red Lake é considerada uma das minas de ouro mais ricas do mundo, riqueza estimada pela concentração de ouro por tonelada de rocha desenterrada pela Goldcorp. Comprovou-se que a mina tinha reservas de 6,6 milhões de onças, que continuam crescendo à medida que a Goldcorp realiza mais perfurações. Ela está produzindo tanto minério a um custo tão baixo que tornou-se a única empresa mineradora que armazena ouro, à espera de preços mais altos no futuro. No final de 2004, a Goldcorp tinha em estoque mais ouro em barra do que os bancos centrais de 45 países, incluindo gigantes como o Canadá e o México.

Não é de admirar que o valor de suas ações tenha se destacado na Bolsa de Nova York. Durante anos, o site da empresa exibiu, orgulhosamente, um registro de cotações da Bolsa que comparava o seu desempenho desde 1993 (quando McEwen abriu o capital da Goldcorp, até então um fundo de investimento limitado) com o desempenho de alguns dos maiores nomes mundiais. Um investimento de 100 mil dólares na Microsoft em 1993 valia 950 mil dólares no final de 2005. Um investimento de 100 mil dólares na Berkshire Hathaway, de Warren Buffet, valia 748 mil dólares. O mesmo investimento na Goldcorp valia mais de 3 *milhões* de dólares, uma valorização praticamente 30 vezes maior.

É claro que a competição global por idéias da Goldcorp não foi o único fator por trás desse fantástico desempenho. Houve a sorte da descoberta original em Red Lake. Houve o dom de Rob McEwen para convencer as pessoas dos méritos do investimento em ouro, em geral, e nas ações da Goldcorp em particular. ("Lembrem-se", costumava dizer aos acionistas, "ouro é dinheiro, e Goldcorp é ouro!") Houve o aumento do preço do ouro em si, que ultrapassou a marca de 500 dólares por onça e, no final de 2005, alcançou um patamar inédito em 18 anos.

Mas o Desafio foi um acontecimento radical na história da empresa. Foi uma inovação que rompeu limites e turbinou o processo de transformar uma descoberta em uma fortuna – e rendeu à Goldcorp uma reputação de criatividade e originalidade num negócio desprovido de ambas. "Este é um setor preso à inércia", diz McEwen. "Povoado por pessoas que possuem um pensamento linear e fazem progressos incrementais. Nós queríamos montar uma empresa de mineração do século XXI."

OS CARAS MAIS ESPERTOS (NÃO ESTÃO) NA SALA – AS MELHORES IDÉIAS DO MAIOR GRUPO POSSÍVEL

De onde surgem as grandes idéias? A resposta tradicional faz parte do folclore empresarial, do mito do processo criativo em si. Grandes idéias vêm de grandes pensadores: do gênio excêntrico, do fundador inspirado, do CEO visionário. A história dos negócios é pródiga em relatos heróicos sobre revoluções impulsionadas pela imaginação singular e pela determinação individual – Alexander Graham Bell e o telefone; Henry Ford e a linha de montagem; Edward Land e a fotografia instantânea; Walt Disney e a mágica da Disneylândia.

Bill Gates, o homem mais rico do mundo e, para muita gente, um dos maiores gênios dos negócios de todos os tempos, oferece a imagem perfeita da cruzada do líder solitário em busca de inovação. Em março de 2005, o *Wall Street Journal* publicou, na primeira página, uma matéria sobre a sigilosa Think Week, a semana de reclusão total que o co-fundador da Microsoft realizava duas vezes ao ano, numa remota cabana na costa do Pacífico. Abastecido de estudos preparados pelos funcionários da Microsoft, suco de laranja e duas refeições por dia, Gates lia, refletia e gerava grandes idéias. Entre as sugestões que receberam sinal verde do chefe após esses retiros, segundo a matéria, estão o browser da Microsoft, seu Tablet PC e o negócio de videogames on-line.

Por mais singular que seja enquanto ritual, a Think Week reflete uma mentalidade executiva amplamente difundida. Durante décadas, a maioria dos líderes presumiu que, por ocuparem o cargo mais importante, terem a maioria das ações e (pelo menos na teoria) a obrigação pessoal de prestar contas dos resultados, eles também tinham que gerar, aprovar e certamente se responsabilizar pelas idéias que iriam moldar o futuro de suas organizações. Ser o sujeito mais esperto da sala fazia parte do trabalho deles.

Mas o que acontece quando os concorrentes se tornam tão numerosos, os mercados tão imprevisíveis, as tecnologias evoluem tão depressa e os problemas se tornam tão insolúveis que nenhum líder sozinho – *nem mesmo Bill Gates* – consegue pensar em tudo? De fato, embora haja muito o que admirar na imersão de Bill Gates em idéias sobre o futuro da Microsoft, suas Think Weeks não deixam de parecer um *intensivão* para uma prova de segunda chamada. Muitos dos resultados nascidos nesses retiros, pelo menos os mencionados na matéria, foram respostas a inovações tecnológicas geradas em outro lugar, ou soluções para questões antigas, como problemas de segurança do software, que pessoas de fora da empresa identificaram anos antes.

Torna-se então necessário *inventar um novo modelo de invenção*, ter novas idéias sobre o processo criativo. Foi o que Rob McEwen percebeu no MIT, e foi por isso que a sua abordagem nova, mais aberta, de acessar uma ampla base de pessoas para a exploração do ouro lhe pareceu tão libertária. Por mais tempo que ele refletisse, ou por mais arguto que fosse o seu raciocínio, ele jamais iria ultrapassar a inteligência coletiva de centenas de geólogos do mundo inteiro.

Vamos analisar agora um tipo diferente de ritual de liderança, que revela a melhor maneira de transformar pequenas observações em grandes idéias. Tom Brown não é nenhum Bill Gates (e quem é?), mas é incrivelmente bom no que faz. Por anos a fio, Brown foi um dos mais celebrados analistas financeiros de Wall

Street, um pesquisador agressivamente dogmático cujos palpites sobre altas ou baixas podiam alterar o desempenho das ações. Atualmente, como tantos outros personagens influentes de Wall Street, Brown dirige um fundo de investimentos. Sua firma, a Second Curve Capital, administra centenas de milhões de dólares, fazendo apostas grandes e a longo prazo em bancos e empresas de serviços financeiros.

É desnecessário dizer que Brown passa a maior parte do seu tempo confraternizando com CEOs, jogando conversa fora ou sendo convidado para aparecer no canal de negócios CNBC – ou seja, transitando no seleto universo dos administradores de fundos em busca da sua próxima grande decisão de investimento. Mas, uma vez por ano, Brown, como líder da Second Curve Capital, organiza uma Caçada às Agências, na qual ele convoca a inteligência coletiva da firma inteira para entender aquilo que não consegue enxergar por conta própria. No dia de uma Caçada às Agências, todos os membros da Second Curve Capital – recepcionistas, especialistas em tecnologia da informação, analistas e o próprio Brown – comparecem para trabalhar no Chrysler Building, no Centro de Manhattan, não em seus ternos caros e saltos altos, e sim de moletom, camisetas, jeans e tênis. A firma divide seus membros em times, e para cada time é designada uma avenida. Cada membro do time passa praticamente o resto do dia visitando todos os bancos de varejo daquela avenida – um passeio que se estende pelo que parecem ser infinitos quarteirões e horas incontáveis.

Há um método por trás dessa loucura produtora de calos. Eu os acompanhei em junho de 2005, para vê-los em ação. Cada membro do time deixou a sede da Second Curve com cinco notas de 100 dólares novinhas em folha. Eles usaram o dinheiro para abrir contas correntes nos bancos visitados, submetendo-se ao processo muitas vezes tedioso (que chegou a levar 40 minutos em algumas agências) e registrando em detalhes suas experiências. Cada participante da Caçada às Agências também levava uma pilha de formulários que lhes permitia fazer anotações rápidas porém minuciosas em cada escala. (Nas "Regras do Jogo" daquele dia estava escrito na capa do formulário: "NADA de corpo mole. IGNORAR idéias preconcebidas. BUSCAR um *Uau!* em todas as agências.") Um dos membros de cada time de quatro pessoas levava uma câmera digital e era encarregado de tirar fotos que captassem a experiência de visitar os bancos – o bom, o ruim, o feio, o involuntariamente hilário. (Lembrete para qualquer um que resolva tentar isso em casa: sempre tire fotos no final da sua visita. Os seguranças não gostam nem um pouco de estranhos fotografando agências e é possível que, como aconteceu naquele dia, eles partam para cima de você achando que está sondando o banco para roubá-lo depois. Lembrete para quem estiver realmente sondando para um futuro assalto: diga aos seguranças que você está fazendo uma Caçada às Agências e eles deixarão você em paz rapidinho.)

Mas o verdadeiro tesouro da Caçada às Agências se encontra no final do dia, quando os membros da firma se reúnem para discutir as experiências de cada um. Foi como um seminário entusiasmado sobre o passado, o presente e o futuro dos bancos de varejo. Boa parte do que as pessoas observaram tinha relação com a posição que ocupavam na organização. Alguns colegas de Brown tinham um olho clínico para o atendimento ao cliente (ou a falta dele) e a motivação dos funcionários nas agências. Alguns analistas da firma falaram sobre as "cestas de tarifas" de cada agência, do mesmo modo como viciados em futebol discutem detalhes dos jogos. Todos notaram coisas absurdas. Cada time conectou sua câmera digital a um projetor e brindou os colegas com suas imagens – muitas valiam mais de mil palavras. (A favorita, por unanimidade: uma placa numa agência do Chase alertando clientes sobre qualquer comportamento suspeito, incluindo "qualquer um que espirre mostarda ou ketchup em você".) O próprio Brown atuou tanto como o ilustre professor quanto como o palhaço da turma, distribuindo prêmios de 500 dólares para a melhor anedota, a melhor foto, o melhor aviso e assim por diante.

No final do dia, Brown e seus colegas reuniram um rico conjunto de idéias colhidas na rua, identificaram tópicos para a rodada seguinte de reuniões com executivos dos bancos e chegaram a novas conclusões sobre a relação entre as pretensões idealizadas dos CEOs e a realidade cotidiana num dos mercados mais competitivos dos bancos de varejo do país – além disso, compartilharam ótimas "histórias de guerra" e renovaram seu espírito de camaradagem. Foi uma experiência de aprendizado memorável, repleta de idéias que talvez não tivessem surgido de outra maneira.

Será que um dia bem planejado de interação entre colegas altera as decisões de negócio de um poderoso fundo de investimentos em Nova York? Claro que não. Mas, ao organizar a Caçada às Agências todos os anos, e tornando-se mais sistemático ao processar suas observações, Brown consegue gerar uma inteligência coletiva sobre o rumo do mercado dos bancos de varejo, sobre aquilo que determinadas empresas estão fazendo certo e outras estão fazendo errado – uma inteligência mais poderosa do que a que ele possuiria sozinho.

Nos círculos de desenvolvimento em software livre existe o ditado: "Muitos olhos tornam os erros mais claros." Ou seja, quanto mais gente examinar uma falha no software, maiores as chances de que ela seja reparada. O mesmo vale para a liderança em geral. Muitos olhos, todos treinados num mercado específico ou num problema bem definido, irão invariavelmente localizar oportunidades que fogem ao olhar de alguns chefões na cúpula. Por que se conformar em ser o sujeito mais esperto da sala quando está tão claro, em cenários tão diferentes, que nenhum indivíduo é mais esperto do que um grupo?

Esse é o mote principal dos próximos dois capítulos. Se você concorda que a originalidade se tornou a essência da estratégia – que um ponto de vista transgressor, combinado com valores autênticos, é o que separa os líderes de setores em crescimento acelerado das empresas perdidas em meio à massa –, então precisa urgentemente, como empresário ou executivo, identificar novas idéias e pontos de vista que possam moldar o futuro da sua empresa. *Mas isso não significa que você deva fazer isso sozinho*. Só porque está no comando, não tem que ter todas as respostas. Uma das responsabilidades características de um líder do século XXI é atrair as melhores idéias vindas do máximo de pessoas possível, sejam elas quem forem.

É claro que o Linux é o símbolo supremo dessa nova lógica de liderança e inovação – a alternativa radical da qual todos podem participar, em contraposição ao modelo do sujeito-mais-esperto-da-sala. Nesta altura, a história do Linux é familiar a praticamente todos os programadores do mundo, e o software em si está firmemente estabelecido na indústria de computadores. Em 1991, Linus Torvalds, um estudante da Universidade de Helsinque, teve vontade de criar um novo sistema operacional de computadores no sistema Unix (Linus + Unix = Linux). Um de seus primeiros passos foi anunciar seu plano para o mundo – e convidar todos a ajudar. Com o tempo, esse pedido de colaboração aglutinou um exército de programadores voluntários, que se organizaram em grupos, tornaram transparentes as diversas contribuições que deram à programação, consertaram erros, acrescentaram novas funções, discutiram revisões e, juntos, trabalhando numa comunidade descentralizada, criaram um sistema operacional de código aberto – que, atualmente, junto com o Google, é um dos mais incômodos desafios estratégicos para a Microsoft.

Mas o Linux simboliza mais do que o futuro da informática. É uma metáfora para o futuro da inovação em si. O mundo está apinhado de pessoas inteligentes, habilidosas, apaixonadas pelo que fazem, ávidas por demonstrar seus conhecimentos e a qualidade do seu trabalho – pessoas que podem oferecer diversos tipos de contribuições, desde uma idéia fantástica até uma coletânea de pequenas inovações que vão fazer com que você se destaque da concorrência. Essas pessoas não precisam trabalhar *para* você para que trabalhem *com* você. Mas você deve convidá-las a participar da sua organização e convencê-las a dar o melhor de si.

Os pesquisadores Charles Leadbeater e Paul Miller analisaram o software livre como um fenômeno tecnológico e sociológico. Como todos os especialistas da área, Leadbeater e Miller vêem o Linux como o protótipo básico da inovação coletiva voluntária. Mas eles argumentam, de forma persuasiva, que o modelo de cooperação aberta está influenciando outros domínios da ciência e da sociedade, de "astrônomos *open-source*", que já prestaram importantes contribuições à sua área, até ativistas sociais que compreenderam o poder da internet e reuniram 24 milhões de assinaturas para apoiar a campanha Jubilee 2000, que levou ao perdão de 36 bilhões de dólares da dívida de países em desenvolvimento.

Leadbeater e Miller têm o seu próprio rótulo para essa onda da criatividade partilhada. Eles a chamam de a "Revolução Pro-Am". Os *pro-ams*, explicam, são "amadores que trabalham seguindo padrões profissionais". São "instruídos, educados, empenhados e estão ligados em rede por meio de uma nova tecnologia". Também representam um amplo contingente de talento pronto, disponível e capaz de contribuir para projetos e organizações que os encorajem a fazê-lo. No século XX, argumentam Leadbeater e Miller, a inovação "foi moldada por grandes organizações hierárquicas com profissionais no topo". A Revolução Pro-Am está "criando novos modelos organizacionais, inovadores, adaptáveis e de baixo custo".

J. C. Herz, grande autoridade em jogos de computador (e consultora do Pentágono), observa o fenômeno amador/profissional do código aberto atuando em sua área. Num elucidativo informe oficial do governo intitulado "Acessando o poder da colméia", ela documenta o que acontece quando entusiastas habilidosos assumem, modificam e aperfeiçoam o desenvolvimento de seus jogos favoritos – e compartilham suas inovações com outros jogadores, num fenômeno que ela chama de "inovação maciça em rede".

Herz salienta que a popularidade (e a tremenda rentabilidade) do The Sims, um dos jogos de computador mais bem-sucedidos de todos os tempos, está fortemente ligada às contribuições de aficionados que criam (e compartilham) objetos, personagens e prédios para povoar o mundo virtual. Ela estima que mais de 90% do conteúdo do The Sims tenha sido produzido *pelos próprios jogadores*, e não pela Maxis, a empresa (pertencente à Electronic Arts, peso pesado do setor) que comercializa o jogo. Ao fornecer ferramentas de programação e encorajar os jogadores a criar e trocar conteúdo, a Maxis transformou a sua base de clientes num departamento voluntário de desenvolvimento de produtos – e intensificou a sua posição de liderança num mercado brutalmente competitivo.

Para Herz, um modelo de inovação que siga a hierarquia tradicional, de cima para baixo, não tem a menor chance de competir com o poder intelectual global dessa comunidade: "O novo mote da criatividade é: deixe mil botões florescerem no seu jardim", ela diz. "As empresas não podem ignorar a inteligência coletiva da rede – o fato de que 1 milhão de pessoas sempre são mais espertas do que 20."

Tim O'Reilly – fundador da O'Reilly Media, editor de livros de informática e, anualmente, anfitrião da Convenção O'Reilly de Software Livre – argumenta que a inovação constante já não diz mais respeito a quem tem os cientistas mais talentosos ou os laboratórios mais bem equipados, e sim a quem possui a "arquitetura de participação" mais convincente. Quais organizações criam uma estratégia divertida, interessante e recompensadora para atrair engenheiros de todos os cantos do mundo e entusiastas *pro-am* para contribuir com idéias ou resolver um problema? Quais empresas têm produtos e serviços que podem ser sempre (e facilmente) modificados e aperfeiçoados por clientes que têm interesse (e ficam satisfeitos) em tornar as coisas melhores e mais úteis?

Num mundo que está sendo maciçamente reformulado por inovações em rede, o desafio estratégico é desenvolver produtos que "se tornem cada vez melhores com o uso" – e desenvolver empresas com as quais pessoas interessantes queiram interagir. No fim das contas, argumenta O'Reilly, as empresas com maior chance de dominar seus respectivos setores são as mais competentes em acessar a inteligência coletiva de todos aqueles com que trabalham.

É claro que as empresas vão sempre competir para contratar os funcionários mais talentosos em tempo integral e aproveitá-los ao máximo. Os melhores líderes têm uma resposta na ponta da língua à pergunta: "Por que pessoas fantásticas gostariam de trabalhar conosco?" Na verdade, talvez o indicador mais importante da futura fatia de mercado de uma empresa em seu setor seja a atual posição dessa empresa no mercado de talentos desse setor. Mas, numa época em que as grandes idéias podem vir de qualquer canto do mundo – e de qualquer pessoa –, existem novos indicadores. A sua empresa é do tipo que atrai pessoas capacitadas, deixando-as ansiosas para trabalhar nela? É uma espécie de ímã para os grandes cérebros, estejam onde estiverem? As empresas com respostas convincentes a essas perguntas são aquelas que vão criar a vantagem competitiva mais duradoura no futuro.

COLABORAÇÃO... COMPETIÇÃO... TEATRO? DESENVOLVENDO UMA ARQUITETURA PARTICIPATIVA

Quando Tim O'Reilly explica a arquitetura de participação, ele enfatiza as tremendas inovações criativas que podem resultar da colaboração de milhões de pessoas, seja ela formal ou informal, no estilo "muitos-para-muitos" da internet. Como a revista *Business Week* definiu numa entusiasmada matéria de capa, "O poder do *nós*", "quase 1 bilhão de pessoas conectadas à internet em todo o mundo estão rapidamente se transformando numa força coletiva de poder inédito. Pela primeira vez na história da humanidade, a cooperação em massa através do tempo e do espaço finalmente se tornou economicamente viável".

É verdade. Mas é possível entender e interpretar de forma errada o que está se passando. Dois pontos merecem uma ênfase especial. Primeiro, boa parte da colaboração entre pares é movida por um intenso (e intensamente pessoal) espírito de *competição* – um espírito inerente ao universo dos negócios. Uma das maneiras mais eficazes de várias pessoas trabalharem juntas como um grupo é competindo entre si como indivíduos. Segundo, embora os mestres da tecnologia tenham tendência a dominar as conversas sobre a nova lógica da criatividade, não há nada que limite essas idéias ao espaço virtual da internet ou às fronteiras do Vale do Silício.

A TopCoder, Inc. é uma variação com fins lucrativos do código aberto, totalmente voltada para o mundo dos negócios, sobre Linux, Apache e outras abordagens coletivas de base para a criação de softwares de alto desempenho. O fundador Jack Hughes descreve a TopCoder como "o encontro do código aberto com o capitalismo" – e, quando se vê o seu modelo de negócios em ação, é fácil entender o que ele quer dizer.

A empresa, sediada nos arredores de Hartford, Connecticut, foi fundada em abril de 2002 e tem crescido a passos largos. Em fevereiro de 2006, a TopCoder já tinha atraído cerca de 75 mil programadores de aproximadamente 190 países como membros registrados. Um grande filão dos negócios da empresa é o desenvolvimento de softwares sofisticados para clientes de grande porte como ABB, Philip Morris e ING. A TopCoder assina um contrato para criar um programa, divide o aplicativo num conjunto de componentes distintos de software e deixa os seus membros à vontade para criar o código num esquema aberto, no qual todos podem contribuir e o trabalho de cada um fica visível para os outros (quase sempre, contudo, as identidades das empresas clientes permanecem secretas).

Mas é aí que está o segredo: esses programadores colaboram na produção de códigos de alto nível interagindo ferozmente, em competições homem a homem. Seus trabalhos são organizados como uma série de partidas on-line (bem como torneios ao vivo), nas quais os membros da TopCoder lutam contra o relógio (e uns contra os outros) para criar e escrever os melhores aplicativos e impressionar um júri composto por seus pares.

"A competição está no cerne da nossa empresa", explica o CEO Hughes, que transmite uma atitude combativa e impiedosamente agressiva. "Aqueles que têm um grande desempenho tendem a ser naturalmente competitivos. Querem ser avaliados, saber quão bons eles são. Também querem ser desafiados e aperfeiçoar suas habilidades. Se você perguntar a um profissional bem-sucedido, em qualquer área: 'Como você faz para se aperfeiçoar?', ele vai responder: 'Trabalho com gente melhor do que eu.' Então a grande questão para eles é: 'Como posso ter a chance de trabalhar e competir com pessoas melhores do que eu?'" A resposta de Hughes, obviamente, é que eles se tornem membros da TopCoder.

E pelo *quê* exatamente esses programadores estão competindo? Dinheiro é um prêmio óbvio. A extensa comunidade da TopCoder abrange uma quantidade extraordinária de jovens programadores talentosos, oriundos de países com mão-de-obra barata (China, Índia, Romênia, Polônia), que já ganharam dezenas de milhares de dólares (em alguns casos, mais de 100 mil dólares) ao vencer competições de programação (até meados de 2005, a TopCoder já havia distribuído mais de 2 milhões de dólares de prêmios em dinheiro). O reconhecimento também é importante. O site da TopCoder acompanha o desempenho dos programadores: uma ficha de estatísticas pessoais (visível para todos) lista todas as competições de que participaram, quantas vezes ganharam e quanto receberam. No final, todos os dados se reduzem a uma classificação numérica que demonstra como cada membro se posiciona em comparação aos outros na comunidade. Se você não é autoconfiante (e um pouco pretensioso), então a TopCoder não é a sua praia.

Adic, um programador na casa dos 20 anos nascido em Bistrita, uma cidadezinha romena, é um exemplo típico de alguém bem-sucedido no ambiente aberto ultracompetitivo da TopCoder. Ele é um talentoso criador de softwares, cursa sua segunda faculdade e já venceu várias competições (incluindo 21 dos 26 desafios de que participou em Java). Ao todo, já ganhou aproximadamente 71 mil dólares na TopCoder – uma quantia considerável pelos padrões romenos –, que ele usou para comprar uma casa.

Mas Adic insiste que o dinheiro não é sua principal motivação para continuar escrevendo códigos para a TopCoder. Para ele, os dois grandes fatores de atração são a enorme adrenalina de competir contra outros programadores e a oportunidade de aperfeiçoar seus talentos. "É claro que, sem o dinheiro, não poderia me dar ao luxo de passar todo esse tempo na TopCoder. Mas o dinheiro, mesmo sendo importante, não é o que me *motiva* a fazer isso, é o que me *permite* fazê-lo."

Wishingbone é outro estudante universitário de vinte e poucos anos. Ele mora em Hangzhou, na China, e já ganhou quase 20 mil dólares nas competições da TopCoder – mais uma vez, uma quantia considerável em seu país. Para ele, a parte mais notável da experiência foi o reconhecimento que recebeu. "Antigamente, as pessoas diziam: 'Wishingbone solucionou milhares de problemas de software'", explica. "Agora, dizem apenas: 'Wishingbone é um TopCoder.'"

Na área dos algoritmos, um negócio de grande visibilidade que colocou a TopCoder no centro da disputa mais feroz da tecnologia – a competição para obter os programadores mais talentosos –, o entusiasmo é ainda maior. Empresas de renome (incluindo Yahoo, Google, Microsoft e Intel) pagam para a TopCoder colocar seu exército coletivo voluntário de programadores em ação. Mas agora os programadores não competem para formular aplicativos comerciais para um cliente específico. Eles competem *simplesmente por competir* – para solucionar charadas digitais em prazos apertados, sob grande pressão e intensa observação de seus pares. Patrocinadores como Yahoo e Google acompanham as competições atentamente, aproveitando a chance de ter seus nomes nas mãos dos jovens programadores mais talentosos do mundo – e de oferecer empregos aos competidores que se destacam.

Em 2005, a TopCoder organizou o primeiro "Code Jam" (uma espécie de torneio de programação) do Google, na Índia, que atraiu 14 mil participantes. Havia uma bela quantia em jogo, mas os 50 finalistas ganharam algo muito mais valioso que dinheiro – ofertas de trabalho na empresa mais badalada do mundo. As partidas *in loco* são quase teatrais. Os codificadores mais cotados encontram-se face a face, num palco, sob a luz dos refletores. Equipes de filmagem e uma platéia agitada assistem aos competidores franzindo a testa e exibindo suas habilidades. Alguns aparecem enrolados nas bandeiras de seus países; outros carregam amuletos da sorte. Ninguém consegue ficar quieto na cadeira. A tensão aumenta a cada rodada, à medida que os jovens programadores mais talentosos do mundo avançam ou regridem em suas classificações com base na qualidade de seus códigos.

Foram imagens empolgantes e emoções arrebatadoras como essas que transformaram a TopCoder numa força notória no setor da computação. Esse é o elo fundamental entre colaboração e competição, entre inovação coletiva e iniciativa individual. Ao competir uns *contra* os outros num ambiente absolutamente transparente, programadores talentosos acabam aprendendo uns *com* os outros – e desenvolvendo um software durante o processo. É uma arquitetura de participação que funciona em vários níveis ao mesmo tempo, o que pode, justamente, explicar sua eficácia no mercado. "Na essência", afirma o CEO Jack Hughes, "somos uma empresa gerenciadora de talentos. Sou um grande adepto do código aberto, mas também sou um grande adepto do capitalismo. Tudo o que fazemos é projetado para permitir que os criadores de softwares e programadores possam captar o valor que eles geram. Somos capacitadores de indivíduos."

Capítulo 5

Inovação e Cia.: a cooperação levada a sério

Sabemos que, para executivos que precisam apresentar um desempenho confiável a curto prazo e gerar um valor econômico a longo prazo, a inovação da cooperação aberta pode parecer confusa, caótica e até mesmo estranha. Mudanças drásticas estão acontecendo: hackers, agindo de forma autônoma e voluntária, unem seus conhecimentos para competir com a empresa de tecnologia mais poderosa do mundo; milhares de programadores solitários competem de igual para igual na criação de um software que é adquirido por empresas com as quais eles não têm nenhuma ligação (e cujas identidades permanecem desconhecidas). Dezenas de milhares de atores se reúnem numa cidade na Escócia para criar um festival de artes sem nenhum diretor, mas que vende mais de 1 milhão de ingressos.

A lógica às avessas da criatividade transparente, descentralizada e coletiva está pronta para transformar a estratégia e a liderança executiva do mesmo modo dramático que está transformando a ciência e as artes. Na verdade, os principais defensores da cooperação aberta entendem a relação que existe entre as raízes dos softwares e o futuro da inovação empresarial. Enquanto isso, líderes de importantes empresas globais estão incorporando princípios e práticas cooperativos à organização de pesquisa e desenvolvimento e ao lançamento de novos produtos. Dois mundos estão colidindo – e neste capítulo veremos o que acontece quando a inovação da cooperação aberta chega ao mundo dos negócios.

Eric Raymond é um escritor polêmico, um orador cativante e um exímio programador. É também um dos defensores mais conhecidos do poder de inovação da cooperação aberta. Seu ensaio *A catedral e o bazar*, publicado na internet em 1997 e mais tarde em livro, continua sendo o manifesto definitivo desse movimento. Raymond está impressionado com o fato de um conjunto de idéias que surgiu na periferia do universo dos computadores ser agora tema de debate mundial sobre o futuro da criatividade em si. "Há cinco anos, eu era um radical maluco", ele diz, rindo. "Agora sou popular. E aguardem, porque esse modelo vai crescer exponencialmente, à medida que as pessoas descobrirem sua eficácia."

Raymond não gosta de tirar conclusões precipitadas sobre aplicações mais amplas da programação em código aberto para os negócios. ("Quando eu me afasto demais dos softwares", diz ele, apreensivo, "minhas idéias perdem sua força. Tenho muito cuidado ao especular sobre outras áreas.") Mas ele tira algumas conclusões – que devem ser levadas a sério por líderes verdadeiramente comprometidos com a inovação em seus negócios.

"O movimento da cooperação aberta demonstra claramente que, quanto mais pessoas inteligentes você conseguir convencer a solucionar um problema, maiores serão as chances de ele ser solucionado", diz. "O trabalho do programador pode ser uma atividade muito solitária, mas todos os grandes programas novos surgiram da dedicação e da capacidade intelectual de comunidades inteiras. Os programadores que só utilizam a sua própria capacidade num projeto fechado serão ultrapassados por aqueles que sabem como criar um contexto aberto e evolutivo, no qual centenas ou milhares de pessoas estão detectando falhas e executando melhorias."

"Há outra lição bastante óbvia", ele continua. "Você não consegue motivar os melhores profissionais com dinheiro. O dinheiro é apenas uma maneira de classificação. Os melhores profissionais, de qualquer área, são movidos pela paixão pelo que fazem. Quanto mais alto o nível de especialização, mais isso fica patente. As pessoas dão o melhor que podem no seu trabalho quando estão passionalmente envolvidas no que estão fazendo."

Mas ele adverte que não se deve confundir paixão, ou o espírito coletivo e voluntário da cooperação aberta, com falta de agressividade ou relutância em competir. "O universo da cooperação aberta é extremamente competitivo", enfatiza Raymond. "As pessoas gostam de fazer parte de uma comunidade na qual competem pela aprovação dos seus pares. Gostam de acreditar que estão trabalhando – e competindo – com os melhores profissionais da sua área. Eu normalmente lido com os melhores programadores do mundo. Quando você trabalha para uma empresa, você se compara com uma centena de colegas. Quando trabalha num código aberto, pode se comparar com milhares de pessoas em todo o mundo."

Isso também vale para empreendedores determinados e donos de empresas. Ou seja, a inovação cooperativa é mais que uma nova forma de as pessoas mostrarem seus talentos. É uma nova forma de as organizações superarem suas rivais. "No século XXI", argumenta Raymond, "uma das maneiras de as empresas competirem é disputar a atenção de pessoas capacitadas fora da empresa. De que modo uma empresa consegue convencer pessoas talentosas, que seu gerente de recursos humanos nunca viu na vida, a oferecer sua energia, sua inteligência e parte do seu tempo para ajudar a aprimorar um produto ou aperfeiçoar uma idéia? As empresas que conseguirem atrair o maior número de pessoas talentosas vão abocanhar com mais facilidade o espaço disputado pela concorrência."

Larry Huston, vice-presidente da Procter & Gamble, é um típico funcionário "de carreira", no melhor sentido da palavra, um veterano totalmente fiel ao gigante global que comercializa uma ampla variedade de produtos. "Mas não sou nada convencional", diz Huston sem falsa modéstia. "Fui promovido diversas vezes durante a minha carreira, mas praticamente todos os cargos que assumi foram inventados por mim. Nunca 'substituí' ninguém. Sempre criei meu próprio espaço."

O escritório de Huston em Cincinnati fica no mesmo prédio em que a P&G realizou as suas primeiras pesquisas industriais, há mais de 120 anos. É igualzinho a um laboratório do século XIX – um prédio despretensioso, com corredores compridos, iluminação precária e escritórios sem muita personalidade. Dentro desse símbolo da história das grandes empresas, Huston lidera uma transformação de pesquisa e desenvolvimento diretamente inspirada na lógica do software em código aberto. "Essa é uma mudança muito significativa", ele diz. "Estamos tentando transformar, de um modo realmente inédito, toda a nossa abordagem à inovação."

Huston defende a sua causa com o entusiasmo de um verdadeiro adepto. "O modelo de negócios atual para pesquisa e desenvolvimento está falido", argumenta. "Não vai sobreviver. Na maioria das empresas, os orçamentos para P&D estão crescendo mais rápido que as vendas. Não dá para continuar assim. E a explosão da tecnologia é inacreditável. Hoje em dia, a P&G deve levar em conta as biociências, a nanotecnologia, temos que usar programas de computação ultramodernos. Como podemos desenvolver, nós mesmos, todos os recursos científicos de que precisamos?"

A resposta, evidentemente, é que não podem. Nenhuma empresa do cacife da P&G pode se dar ao luxo de assumir uma postura do tipo "faça-você-mesmo" para a inovação – não num mundo onde milhares, dezenas de milhares, centenas de milhares de pesquisadores bem preparados estão trabalhando em laboratórios na Rússia, na China e na Índia em todos os tipos de inovação relevantes para a imensa variedade de marcas da empresa.

É por isso que Huston está convencido de que a P&G deve expandir seus horizontes para além dos seus renomados laboratórios de pesquisa e dos progressos dos seus próprios cientistas em tempo integral – e aproveitar a capacidade intelectual disponível em âmbito mundial. Mesmo que a P&G contrate alguns dos melhores cientistas e engenheiros nas suas áreas, o vice-presidente de inovação da empresa entende que uma pessoa não é mais esperta que várias pessoas juntas – e nem todas as pessoas podem trabalhar para a P&G.

"Temos 7.500 funcionários de pesquisa e desenvolvimento que trabalham em 150 áreas diferentes de especialização", explica Huston. "Mas, quando você analisa essas 150 áreas ao redor do mundo, vê que existe 1,5 milhão de profissionais fora da P&G com treinamento igual ou melhor que o nosso. Ou seja, para cada funcionário que temos numa determinada área, existem 200 fora da empresa com capacidade igual ou superior. É óbvio que 200 pessoas podem criar melhor do que uma sozinha – não é preciso ser nenhum gênio para deduzir isso."

A missão de Huston é descobrir como a P&G pode mobilizar esses talentos que não fazem parte da empresa. Seu programa, Connect + Develop, tem autonomia para ajudar a importar metade de todas as novas tecnologias e idéias de produtos que se encontram além dos limites da empresa. Segundo Huston, é difícil para alguém de fora avaliar o que está em jogo nessa mudança: "Temos uma empresa de 170 anos extremamente orgulhosa da sua ciência e do seu marketing. E estamos encarando o mundo exterior como uma extensão do nosso laboratório de pesquisa e desenvolvimento. É um divisor de águas."

Huston está inundando de novos programas a empresa e o ambiente fora dela. Uma das estratégias é ser mais aberto na forma de olhar e escutar o mundo exterior. Ele escolheu a dedo 60 cientistas e engenheiros dos laboratórios da P&G, afastou-os dos seus tubos de ensaio e microscópios e os denominou "empresários de tecnologia". Esses empresários de tecnologia, que foram despachados para a Europa, a China, o Japão, a Índia e a América Latina, formam o grupo de elite da P&G na batalha para descobrir inovações fora dos limites da empresa. Eles visitam laboratórios do governo e de universidades, conhecem cientistas e professores importantes, participam de feiras comerciais e até mesmo perambulam pelos corredores de supermercados, buscando inovações que a P&G possa aproveitar para criar novos produtos ou aperfeiçoar os que já existem.

Ed Getty, um cientista com Ph.D. que está há 17 anos na P&G, foi um dos primeiros empresários de tecnologia da empresa. Hoje sua função consiste em garantir que todos os seus 59 colegas itinerantes troquem idéias entre si e com pessoas de fora da empresa. "Nosso trabalho é sondar, buscar tecnologias e produtos transgressores e trazê-los para a empresa", ele explica. "Estamos inovando nosso modo de inovar. Estamos virando o jogo."

Uma segunda estratégia é tornar-se um ímã para idéias externas – criar e dominar um "fluxo de negócios" para a inovação do mesmo modo que os investidores de fundos de capital de risco cultivam um fluxo de negócios que valem a pena. Assim, Huston está criando e encorajando "redes de inovação" terceirizadas que se expandem pelo mundo – um canal de idéias que mantém a companhia no fluxo da criatividade global. Por exemplo, a P&G juntou-se com o gigante farmacêutico Eli Lilly para ajudar a estruturar a Your Encore, uma firma sediada em Indianápolis que seleciona cientistas e engenheiros aposentados – pessoas talentosas ainda cheias de energia e idéias – para empresas ávidas por novas soluções, que poderiam se beneficiar com uma injeção de perícia, talento e experiência externos.

Huston é também um defensor incansável da NineSigma, uma bem-sucedida firma de Cleveland que criou uma rede internacional pela internet por meio da qual as empresas podem emitir um pedido de ajuda a pesquisadores do mundo inteiro e qualquer um pode ser contratado para solucionar o problema. Em vez de solicitar uma proposta para os fornecedores de sempre, a NineSigma usa a rede para identificar as melhores cabeças pensantes numa ampla variedade de áreas, nos quatro cantos do mundo. A premissa básica: é altamente provável que algum pesquisador brilhante, em algum lugar do mundo, já tenha solucionado o problema no qual os seus pesquisadores brilhantes estão trabalhando. O truque é encontrar esses pesquisadores de fora e convencê-los a trabalhar com você.

"A inovação está intimamente ligada às redes de computadores", afirma Huston. "Tem a ver com fazer conexões. A P&G sempre teve uma capacidade incrível de fazer conexões internas. Nossos trabalhos iniciais com sabonetes, combinados ao nosso conhecimento do cálcio, nos levaram a trabalhar com higiene oral, que por sua vez nos levou a investigar a osteoporose, e o resultado é que estamos a um passo da criação de um medicamento de 1 bilhão de dólares. A capacidade de fazer esse tipo de conexão externamente promete revolucionar a área de pesquisa e desenvolvimento."

O alcance global da NineSigma é espetacular. A empresa é uma espécie de ferramenta de busca mundial para pesquisa e desenvolvimento – um Google humano à procura de boas idéias. "Acho que encontramos uma fórmula mágica", afirma o diretor-geral Paul Stiros. "Temos uma rede que se expande de modo autônomo, conectando os pesquisadores mais qualificados do mundo. Encontramos pessoas que não sabem nada a nosso respeito e colocamos um dossiê tecnológico diante delas, de maneira clara, concisa e tentadora. Conseguimos encontrar, direta ou indiretamente, qualquer pessoa, em qualquer lugar do mundo, que tenha o conhecimento, a experiência e a qualificação que os nossos clientes necessitam."

Segundo Charles Brez, o principal executivo de marketing da NineSigma, a Fundação Nacional de Ciências dos Estados Unidos estima que existem 3 milhões de profissionais realizando trabalhos de primeira classe em ciência e tecnologia no mundo. A NineSigma já reuniu e organizou os nomes, os dados, o histórico e as áreas de interesse – e os endereços de e-mail – de mais de 1 milhão desses pesquisadores. É um veio virtual de expertise científica. Quando a P&G, a General Motors ou qualquer uma das mais de 50 grandes empresas que são clientes da NineSigma se depara com um problema que não consegue resolver, ou começa a explorar um novo campo de pesquisa, a NineSigma esboça um resumo técnico, coloca-o literalmente diante de milhares de cientistas e engenheiros com interesses pertinentes e experiência no assunto e os convida a enviar propostas para trabalhar com a empresa.

Shauna Brummet, Ph.D. em biologia molecular e vice-presidente de operações da NineSigma, explica: "Entramos em contato com milhares de pessoas, apresentamos uma necessidade bem específica e propomos: aqui está a sua chance, esta é uma empresa com a qual você pode trabalhar, por que não nos encaminha uma boa idéia?" (Um problema da NineSigma normalmente é encaminhado para 5 a 15 mil pesquisadores e chega a gerar mais de 100 propostas.)

Nesta era de excedente científico, por que uma organização se daria ao trabalho de desenvolver, em seus próprios laboratórios, algo que já foi desenvolvido em outro lugar? "O que tentamos enfatizar para as empresas", diz Stiros, "é que sempre que você começar um novo projeto, ou avaliar uma nova tecnologia, deve olhar para os lados antes de reinventar a roda. Este deveria ser um procedimento de rotina do processo de inovação: absorver soluções que já se encontram disponíveis fora da empresa. É espantoso pensar que muitas pessoas em grandes empresas estão gastando milhões de dólares para redescobrir um conhecimento que já existe!"

Stiros não fala apenas como chefe da NineSigma – ele também é um cliente satisfeito. Foi contratado para dirigir a empresa em setembro de 2004, após uma carreira de 28 anos na Procter & Gamble. Era amigo de longa data e companheiro de viagem de Larry Huston e da equipe do Connect + Develop. Na verdade, Stiros ajudou a patrocinar algumas das mais notáveis inovações de produto da P&G e não pôde resistir à chance de dirigir a empresa quando surgiu a oportunidade. Ao todo, em junho de 2005, a P&G sozinha já havia comissionado mais de 100 projetos por intermédio da NineSigma. "É uma maneira de fazer negócios com uma excelente relação custo-benefício", argumenta Stiros. "Encontramos pesquisadores que já têm soluções prontas para outros fins. Assim, o custo já não é o mesmo."

Huston gosta de citar o modo como a P&G utiliza as riquezas técnicas de Bangalore, na Índia, a capital não-oficial da terceirização. Ao contrário dos seus colegas que ocupam altos cargos em gigantes corporativos, Huston não tem a menor intenção de transferir seu departamento interno de pesquisa e desenvolvimento para a Índia. Em vez disso, ele quer ter acesso imediato às pesquisas mais recentes que professores e empresas indianos estão desenvolvendo por conta própria. Em vez de construir laboratórios imensos para empregar centenas ou milhares de pesquisadores em tempo integral, a P&G está montando um pequeno "posto avançado" em Bangalore – onde uma equipe de 60 pessoas do Connect + Develop percorre laboratórios universitários, entidades governamentais e departamentos de pesquisa de pequenas empresas à procura de inovações que a P&G possa aplicar.

Huston busca o que chama de produtos "cozidos" e tecnologias "prontas" – inovações que a P&G possa adaptar e empregar para lançar produtos novos mais depressa, com ênfase no "depressa". Em apenas um ano, ele diz, foram avaliadas mais de 10 mil idéias vindas de fora, das quais 2 mil mereciam uma análise mais minuciosa, 500 receberam avaliações técnicas positivas e 100 geraram produtos novos. "Temos redes espalhadas pelo mundo inteiro agora", ele diz. "Estamos turbinando de verdade o nosso departamento de pesquisa e desenvolvimento."

Um exemplo é o Mr. Clean Magic Eraser, uma esponja de limpeza para a cozinha que fez um sucesso tremendo no mercado americano. Como a P&G concebeu o Magic Eraser? Um dos funcionários de Huston no Japão soube que um novo tipo de esponja estava chegando às prateleiras dos supermercados. Originalmente, a esponja era usada como material de isolamento e acondicionamento de carros – mas um executivo japonês percebeu que, quando o material ficava molhado, desenvolvia uma característica abrasiva que era excelente para a limpeza doméstica. Como um dos principais fornecedores da P&G, a gigante química BASF, produzia a esponja para o mercado japonês, a P&G licenciou o material, contratou a BASF e *voilà* – um novo produto de limpeza chegava às cozinhas americanas, sem praticamente nenhum esforço de pesquisa e desenvolvimento da Procter & Gamble.

Outro exemplo são as Pringle's Prints. As famosas batatinhas em lata passaram a vir estampadas (com corantes comestíveis) com imagens de personagens de filmes (como o desenho animado *Madagascar*), curiosidades, notícias sobre seriados de televisão e perguntas de jogos de tabuleiro. A idéia surgiu na P&G, não fora da empresa. Reza a lenda que uma funcionária colocou de brincadeira uma massa fina de batata numa impressora a jato de tinta para ver o que acontecia ("Imagine a reação do pessoal do suporte técnico", relembra Huston achando graça). Mas, em vez de designar uma equipe de pesquisadores da P&G para solucionar o desafio técnico de imprimir imagens numa grande quantidade de batatinhas, a P&G mobilizou sua rede para vasculhar o mundo em busca de uma solução "pronta" – alguém, em algum lugar, que já estivesse fazendo algo parecido.

A busca rapidamente os levou a uma padaria em Bolonha, na Itália, especializada na aplicação de impressões a jato de tinta com corantes comestíveis sobre bolos e outros alimentos. Obviamente, uma padaria desconhecida na Itália não tinha condições de produzir na escala que a P&G requeria. Então a empresa licenciou a tecnologia da padaria, trabalhando com um grande fornecedor, e abasteceu a sua fábrica em Jackson, Tennessee, com tecnologia para produzir as Pringle's Prints. "O mais impressionante é que as soluções podem surgir muito depressa, de onde você menos imagina."

E O QUE EU GANHO COM ISSO? A ARTE DE FAZER NEGÓCIOS USANDO A COOPERAÇÃO ABERTA

Há algo empolgante, atraente e absolutamente inspirador no progresso do Linux, na lógica de organização autônoma do maior festival de teatro do mundo e até mesmo na história surpreendente da criação de uma nova batatinha frita. A idéia é irresistível: engenheiros e empresários inteligentes, entusiasmados e confiantes espalhados pelo mundo colaborando e competindo uns com os outros para desenvolver softwares, solucionar problemas e criar produtos. Mas um negócio não é feito apenas de idéias irresistíveis. Outros fatores devem ser levados em consideração, como custos e benefícios, vencedores e perdedores, termos e condições. É por isso que a cooperação aberta é mais do que um simples modelo de inovação. É uma arte de fazer negócios. Se você quer mobilizar as mentes mais brilhantes do mundo, precisa oferecer motivos convincentes para que pessoas inteligentes queiram trabalhar com você.

Vamos recordar o Desafio Goldcorp. Agindo praticamente por instinto, Rob McEwen compreendeu como uma competição inspirada no Linux poderia transformar o futuro da sua mina em Red Lake. Mas ele também compreendeu que, para o Desafio funcionar, devia oferecer algo àqueles que se dispusessem a ajudar sua empresa a encontrar ouro. Então, em vez de os participantes descobrirem como ajudar o seu setor com seus talentos, ele inverteu o jogo, ajudando seu setor a descobrir o talento dos participantes – aumentando a sua visibilidade e lhe dando maiores perspectivas para o futuro. McEwen precisava fazer uma oferta que os melhores geólogos do mundo não pudessem recusar.

Talvez o princípio de desenvolvimento crucial por trás do Desafio Goldcorp tenha sido a abordagem cooperativa de McEwen em relação ao resultado. Um ano após ter anunciado a competição para uma platéia cética de manda-chuvas da mineração, ele voltou ao encontro anual de Garimpeiros e Realizadores para anunciar os resultados – com os vencedores a tiracolo. Em vez de esconder seus conhecimentos a sete chaves, McEwen compartilhou a abundância de idéias com seus concorrentes. Ele patrocinou um dia inteiro de simpósio no qual os semifinalistas e os finalistas apresentaram suas técnicas e metodologias para o setor da mineração, que ficou fascinado com a expansão da inteligência global.

Para os participantes, aquele momento de notoriedade foi a verdadeira recompensa – e o maior motivo pelo qual tanta gente capacitada tinha se esforçado tanto para oferecer as melhores idéias à Goldcorp. É claro que a chance de receber um prêmio de seis dígitos ajudou a convencer geólogos e cientistas de 51 países a enviar seus planos de perfuração para uma empresa canadense de mineração, dirigida por um sujeito que eles nunca haviam visto na vida. Mas o dinheiro não foi a principal motivação. O que mais importava era a oportunidade de se exibir num palco mundial, a chance de mostrar seus trabalhos tendo o setor inteiro como platéia. "É uma maneira de se criar superestrelas", argumenta McEwen, "de oferecer às pessoas um reconhecimento mundial que elas não conseguem alcançar num ambiente de trabalho convencional. Para alguns dos nossos vencedores, foi literalmente uma experiência transformadora, com conseqüências para o resto de suas vidas."

Ele não está exagerando. Nick Archibald, um geólogo australiano, viu no Desafio a chance de demonstrar como o seu software gráfico poderia revolucionar a exploração de minérios. O modelo virtual em 3D de Archibald do minério da Goldcorp, que venceu o Desafio, deu visibilidade para a sua empresa ainda novata e atraiu clientes do mundo inteiro.

Para Mark O'Dea, que ficou em segundo lugar, o impacto do Desafio foi praticamente instantâneo. Um dia após a cerimônia, dois executivos veteranos de mineração convenceram o geólogo canadense a unir-se a eles em sua nova empreitada. O alvo? Assim como os colegas de McEwen haviam previsto, eles se interessaram pelas terras próximas à mina Goldcorp. Antes do Desafio, O'Dea estava lutando para deixar a sua marca no setor da mineração e passara seis meses na Índia, trabalhando para a Phelps Dodge. Depois do desafio, tornou-se presidente e diretor-geral do Fronteer Development Group, que, além de outras propriedades, controla dezenas de milhares de hectares em Red Lake.

Para o terceiro colocado, Alexander Yakubchuk, as recompensas foram pessoais e profissionais. Há anos que o geólogo russo estava ávido por colocar seus talentos em prática no Ocidente. Os 75 mil dólares que ele recebeu de prêmio possibilitaram sua mudança para Londres com a família. Ele assumiu um cargo no Museu de História Natural britânico e se tornou gerente de exploração da Gold Fields Limited, sediada em Londres, uma das maiores empresas do setor de mineração. "Eu já era relativamente conhecido antes, graças ao meu trabalho acadêmico", diz Yakubchuk. "Mas o Desafio aumentou a minha visibilidade no mundo inteiro."

Em outras palavras, por trás desse fluxo de idéias havia considerações empresariais perspicazes. Geólogos talentosos ajudaram McEwen a encontrar ouro. McEwen ajudou os geólogos a serem vistos e apreciados pelos seus colegas – e a concretizar os próximos passos de suas carreiras ou planos empresariais. "Sou curioso por natureza", afirma o presidente da Goldcorp. "Eu adoro idéias. E todos nós temos idéias que servem para algo que não necessariamente é a atividade que estamos desempenhando no momento, nosso trabalho atual, nossa área de atuação, o lugar onde vivemos. Era isso que queríamos motivar e atrair. Para tanto, foi necessário mudar a situação dos nossos vencedores, ajudá-los a ganhar fama e dinheiro, criando para eles o mesmo valor que queríamos em nossa empresa."

Darren Carroll passou anos trabalhando no desafio de transformar a promessa de inovação da cooperação aberta em um negócio realmente rentável. Carroll era o principal advogado da gigante farmacêutica Eli Lilly nos Estados Unidos para o Prozac, antes de se tornar diretor-geral do InnoCentive, um "laboratório virtual de pesquisa e desenvolvimento" financiado pela Lilly e sediado na periferia de Boston. O co-fundador do InnoCentive e grande patrocinador corporativo era Alph Bingham, um exímio pesquisador, executivo de alto nível, veterano da Lilly com 27 anos de casa e criador da e.Lilly, um órgão de pesquisa interno, e da operação de capital de risco que ajuda a Lilly a conduzir experimentos não em medicamentos futuros, e sim no futuro da inovação em si.

Os escritórios da e.Lilly ficam aproximadamente a 30 metros da sede da Lilly e adotam um estilo brincalhão, típico das antigas empresas pontocom. As salas de reunião ganharam nomes em homenagem a artistas famosos: Chagall, O'Keefe, Pollock, Warhol. As paredes são revestidas de "pichações de negócios" – perguntas e slogans elaborados para capturar o espírito de inquietude da inovação. "Solução é o que acontece quando se pára de pensar em um problema", diz uma delas. "Somente peixes mortos deixam-se arrastar pela maré", diz outra.

Mas Bingham é um homem de negócios. Ele organizou e patrocinou iniciativas projetadas para utilizar a inovação da cooperação aberta como uma tremenda fonte de vantagem competitiva. A finalidade dessas iniciativas, ele explica, é aumentar a "conscientização de marca" da Lilly na comunidade científica mundial. Ele não emprega o termo do mesmo modo que profissionais de marketing fazem, quando estão preocupados com sua visibilidade junto ao público-alvo, mas no sentido da inteligência coletiva. "Existe um 'intelecto coletivo' lá fora, e a questão é: que parte dele podemos acessar? Se nos limitarmos às pessoas que podemos recrutar das principais universidades e àquelas que podemos convencer a passar a vida inteira na empresa, bem, essa é uma parcela pequena do intelecto coletivo. Estamos falando sobre a democratização da ciência: o que acontece quando você abre as portas da sua empresa para milhares de pessoas, cada uma com um conjunto de experiências de vida diferente?"

O InnoCentive quer responder a essa pergunta. É uma empresa jovem, um investimento especulativo em estágio inicial que ainda está longe de registrar grandes lucros. Mas tem um enorme potencial a ser explorado, quando a Lilly ou qualquer outra empresa conseguir transformar a inovação da cooperação aberta numa forma rotineira de fazer negócios.

O modelo do InnoCentive é enganosamente simples. Já atraiu mais de 30 empresas que estão entre as maiores do mundo, incluindo a Lilly e a P&G, além da Boeing, da DuPont e da Nestlé. São empresas tarimbadas que, juntas, geram centenas de bilhões de dólares em vendas, investem bilhões em pesquisa e desenvolvimento e empregam dezenas de milhares de cientistas e engenheiros. Mas, mesmo assim, têm seus laboratórios sobrecarregados de problemas não resolvidos que continuam a frustrar até mesmo as melhores cabeças pensantes em suas organizações, ou porque seus pesquisadores não têm tempo ou porque a empresa não possui know-how interno para solucioná-los.

O InnoCentive já cadastrou mais de 90 mil biólogos, químicos, bioquímicos, cientistas de materiais e outros profissionais altamente capacitados de mais de 175 países, com todo tipo de formação. Entre os "candidatos à solução de problemas" estão estudantes universitários, diretores de pesquisa aposentados das empresas mais conceituadas do mundo, engenheiros nucleares russos e vários especialistas da China, do Cazaquistão e de outros lugares remotos. (Em 2004 a China suplantou os Estados Unidos, tornando-se a maior fonte de cientistas cadastrados. A Índia e a Rússia ocupam o terceiro e o quarto lugar, respectivamente.)

Cabe ao InnoCentive fazer a ligação entre as empresas e os cadastrados. As empresas propõem "desafios" altamente específicos e ultratécnicos no site do InnoCentive. Cada desafio apresenta uma descrição científica, um prazo e um prêmio, que pode chegar a 100 mil dólares (o nome da empresa não é revelado, e qualquer detalhe que possa ligar o produto à empresa é suprimido). Os cadastrados competem para solucionar o desafio de um modo que a empresa julgue satisfatório, o vencedor recebe seu prêmio e a empresa adquire os direitos de propriedade.

Existem pequenas (mas intrigantes) diferenças nos modelos de negócio da NineSigma e do InnoCentive. A NineSigma trata de criar relacionamentos – a empresa age como uma corretora entre um cliente que é uma companhia grande e um pesquisador externo, e são essas duas partes que chegam a um acordo financeiro. (A NineSigma recebe uma comissão do contrato.) O InnoCentive só lida com transações. É essencialmente um local para fornecer respostas a problemas técnicos espinhosos. As pessoas que solucionam os problemas nunca sabem quem são as companhias que apresentaram o desafio.

O site é uma algazarra digital de problemas, soluções, disciplinas especializadas e lugares exóticos. Uma análise dos vencedores equivale a um tour virtual pelos postos científicos do mundo, das universidades de Oxford e Moscou ao Instituto Shriram de Pesquisa Industrial em Bangalore, na Índia, e ao Instituto de Química Orgânica na Bielo-Rússia. O site tem um mecanismo de tradução simultânea: com um clique, muda de inglês para chinês, russo, japonês, coreano, alemão ou espanhol.

Darren Carroll mal consegue conter seu entusiasmo sobre a contribuição do InnoCentive para o futuro da inovação. "É uma maneira absolutamente inédita de fazer negócios", declara. "Estamos conseguindo fazer com que as pessoas abandonem suas antigas crenças sobre como, onde e quem pode realizar um trabalho científico, bem como seus termos de negociação."

Um dos momentos mais reveladores para Carroll ocorreu durante sua visita a Chernogolovka, uma cidade outrora secreta da antiga União Soviética para onde o regime enviava cientistas para trabalhar em importantes pesquisas (muitas, obviamente, dirigidas contra os Estados Unidos). Chernogolovka é uma cidade pequena, com apenas 22 mil habitantes. Mas, entre eles, estão mais de 20 membros da Academia Russa de Ciências, mais de 250 doutores acadêmicos e mais de mil alunos de mestrado ou doutorado.

"São pessoas incrivelmente inteligentes", observa Carroll, "e que, até pouco tempo atrás, viviam num isolamento completo. E lá estava eu, explicando para o diretor de um dos principais departamentos de um importante instituto de pesquisa como seus cientistas podiam trabalhar com o InnoCentive. Acessei o site e um sujeito deu uma olhada nos desafios. 'Está vendo esse aqui? Minha equipe poderia resolvê-lo agora', ele me disse. 'Já no caso desse aqui, vejo que a empresa está disposta a pagar apenas 75 mil dólares. Eu acho que vale uns 500 mil, então jamais trabalharíamos nele.' Ou seja, um dos lugares mais isolados e inacessíveis da face da Terra estava me dando acesso aos seus laboratórios, expandindo suas pesquisas para o mundo inteiro. É ou não é uma mudança radical?"

O verdadeiro trabalho de Carroll é transformar o extraordinário em algo comum – tornar a inovação da cooperação aberta uma etapa normal na evolução de qualquer negócio. Como, então, a inovação da cooperação aberta se tornou algo sério? Primeiro, travando uma batalha constante pelo que Bingham chama de conscientização de marca. Só porque você construiu um laboratório de pesquisa e desenvolvimento virtual, isso não significa que os colaboradores vão cair do céu. No InnoCentive, pessoas de carne e osso são contratadas o tempo todo.

Ali Hussein, diretor de marketing e vice-presidente de mercados globais, faz uma espécie de viagem de volta ao mundo a cada cinco ou seis semanas, encarregando-se de divulgar pessoalmente os benefícios da inovação da cooperação aberta nos postos científicos mais remotos. Durante seus primeiros anos como diretor-geral, Carroll passava em média 200 dias por ano viajando e visitando parques tecnológicos, laboratórios e universidades para persuadir potenciais deslindadores de problemas (e novas empresas em busca de soluções) a aderir ao seu processo virtual de pesquisa e desenvolvimento. "Saio por aí pregando para cientistas importantes, presidentes de instituições de pesquisa e ministros de Estado sobre como eles podem se tornar parte da nossa comunidade científica realmente global", ele diz.

O InnoCentive não recruta cientistas para esperar o resultado. Seu grupo de operações científicas mantém o entusiasmo dos cadastrados, encoraja pesquisadores com habilidades específicas a participar de determinados desafios e os ajuda a lapidar propostas promissoras que ainda não estão plenamente desenvolvidas. Esse modelo envolve um equilíbrio delicado entre sigilo e divulgação de informações. Quanto mais detalhado o desafio, maior a probabilidade de que seja resolvido. Ao mesmo tempo, e por motivos competitivos óbvios, as companhias que buscam ajuda querem desesperadamente proteger a sua identidade e os planos de produto associados ao desafio específico.

O russo Eugene Ivanov, membro do InnoCentive, diz que estabeleceu vínculos extraordinariamente sólidos por meio do seu trabalho com cadastrados distantes. "Eles querem ser vistos como seres humanos de verdade, não apenas nomes num monitor. E querem sentir que existe alguém para defendê-los, alguém que fique ao seu lado. Dirijo-me a vários deles pelo primeiro nome. Nunca nos encontramos, e talvez nunca venhamos a nos encontrar, mas o contato pessoal é fundamental."

A segunda lição de Carroll é: as empresas não vão conseguir aproveitar o potencial das mentes brilhantes espalhadas pelo mundo se seus próprios talentos não repensarem a sua abordagem em relação ao trabalho. "Cientistas e engenheiros precisam mudar as descrições de seus cargos", insiste. "Eu digo a eles para pararem de se ver como deslindadores de problemas e se tornarem caçadores de soluções. Esta não é uma distinção semântica. É uma das distinções mais importantes que fazemos. Um deslindador de problemas é alguém que recebe um desafio, vai para o laboratório e fica enfurnado lá até encontrar uma resposta. Um caçador de soluções pesquisa o mundo todo e está mais preocupado em encontrar a melhor resposta com o custo mais baixo e em menor tempo do que em saber de onde ela vem."

Esse processo de caçar soluções não é um eufemismo para a terceirização. Carroll vê o mundo como um imenso laboratório, pululando de idéias, experimentos e inovações, que está pronto para ser usado. A finalidade não é exportar trabalho doméstico para países com custo de vida mais baixo, mas sim encontrar soluções inexploradas já existentes em laboratórios ao redor do mundo e usá-las para solucionar problemas aparentemente insolúveis. "Nosso modelo é projetado para fornecer bilhetes premiados às pessoas realmente capacitadas", explica. "Procuramos cientistas que olhem para um desafio e digam: 'Não acredito que eles ainda não descobriram isso.' Não estamos procurando pessoas para começar a corrida do ponto de partida, mas sim aquelas que já estão a 10 metros da linha de chegada – pessoas que têm a resposta certa ao problema certo na hora certa."

Carroll chama isso de momento agulha-no-palheiro: "Você está no laboratório, num beco sem saída, sem saber o que fazer, e pensa: vou escancarar isso para o resto do mundo. E aí consegue fazer contato com um pesquisador que mora a milhares de quilômetros de distância e que está trabalhando nesse problema específico há cinco anos, tem a solução para ele na cabeça e, ao ver o que você procura, pensa: moleza, já resolvi isso."

Parece fantástico, mas acontece o tempo todo. Carroll e seus colegas podem citar diversos exemplos de momentos agulha-no-palheiro – soluções que chegam de lugares inesperados, com rapidez surpreendente. David Bradin, um advogado de patentes da Carolina do Norte, leu uma matéria sobre o InnoCentive num jornal e decidiu verificar suas implicações no direito de propriedade intelectual. Enquanto navegava pelo site, Bradin, que também é formado em química orgânica, viu um desafio que deixara uma empresa desconcertada – e o solucionou sozinho.

Um dos exemplos favoritos de Carroll é o de uma firma que passara um ano e meio quebrando a cabeça com um problema em um de seus novos medicamentos que tinha paralisado os seus melhores toxicologistas e patologistas. Então essa empresa buscou o InnoCentive, pensando: "O que temos a perder?" Uma especialista em cristalografia de proteínas viu o desafio e intuiu imediatamente como poderia aplicar as ferramentas da sua área para solucioná-lo. "Quando ela recebeu o prêmio", ele lembra, "perguntamos a um pesquisador tarimbado de outra empresa cadastrada no site: você teria cogitado usar uma especialista em cristalografia de proteínas para resolver isso? E ele nos respondeu: temos um laboratório apinhado de cristalógrafos no final do corredor, e isso jamais passou pela nossa cabeça."

E é por isso que, por mais que Darren Carroll se empenhe em transformar a inovação da cooperação aberta numa parte rotineira dos negócios, ele jamais perderá a sua capacidade de surpreender e inspirar. "Quando lançamos isso", ele recorda, rindo, "meia dúzia de executivos da Lilly me puxaram num canto e me disseram que eu estava jogando uma carreira brilhante no lixo. Agora estou no centro de um diálogo científico mundial. Hoje administramos o maior laboratório virtual do mundo. Amanhã, nosso objetivo será mudar a própria essência do trabalho: o que significa estar empregado e o que significa realizar algo produtivo."

CHEGUE "BURRO" AO TRABALHO TODO DIA – COMO SER UM VERDADEIRO LÍDER COOPERATIVO

Reconhecer o poder de inovação da cooperação aberta não somente desafia a velha lógica de como e onde as pessoas trabalham como redefine a liderança em si. Quando executivos convidam uma massa de pessoas inteligentes para dentro de suas empresas, isso aumenta a infusão de criatividade "de fora" e diminui a arrogância "de dentro". É aí que está a verdadeira mudança de perspectiva no campo dos negócios – não apenas absorver o impacto da nova onda da internet, mas reconhecer os limites das organizações da velha-guarda. Um compromisso com a inovação da cooperação aberta requer o compromisso com um estilo igualmente aberto de liderança.

Darren Carroll, da Eli Lilly, que deixou a sua marca no universo obcecado por sigilo do direito de propriedade intelectual, transformou seu estilo de liderança graças a sua experiência com a inovação da cooperação aberta. "Fiquei muito mais democrático como líder", diz ele. "Ver de perto, num contexto tão pessoal, como uma abordagem democrática à inovação traz à tona as idéias mais incríveis dos lugares menos prováveis fez com que eu constatasse que não era justo agir de maneira menos democrática em minha própria empresa."

Existe outro traço característico nesse tipo de executivo: uma mistura de autoconfiança com humildade intelectual que é difícil de alcançar, mas fácil de reconhecer. Esses líderes não disfarçam seus objetivos ambiciosos ou seu entusiasmo competitivo. Mas não confundem ambição com onisciência. Como líder, expandir a arquitetura de participação equivale a impor limites ao seu ego – deixando para trás a imagem do líder que sabe tudo, que parece ser o modelo-padrão na maioria das empresas. É possível pensar grande sem ter que pensar tudo sozinho.

Dan Wieden, co-fundador da poderosa agência Wieden + Kennedy, poderia ser perdoado por transmitir aquele ar de sabichão inerente ao seu ofício. Ele ainda é o presidente e diretor de criação da firma que abriu em 1982, com David Kennedy, e a W+K continua a ser uma das agências independentes mais célebres do mundo. Foi o próprio Wieden quem criou o revolucionário slogan "*Just Do It*" para a Nike, cliente de longa data da agência. Outras campanhas memoráveis para clientes notórios como ESPN, Miller e Electronic Arts formam uma coleção de grandes sucessos.

Wieden comanda uma empresa com 600 funcionários e um faturamento anual de mais de 1 bilhão de dólares, que já produziu um trabalho marcante e inesquecível. Mas ao visitar a sede da W+K em Portland, Oregon, e passar algum tempo com o seu co-fundador e seus colegas, o que se detecta é a total ausência de arrogância intelectual. Wieden argumenta que sua obrigação "é chegar burro ao trabalho todo dia" – continuar desafiando a empresa e a si mesmo, buscar idéias inesperadas, influências externas e novas perspectivas para velhos problemas. "É a coisa mais difícil de fazer, como chefe", admite, "mas é a mais importante. Todos os dias algo muda no mundo da noite para o dia, e é melhor descobrir logo o que foi e quais são as conseqüências. Você precisa esquecer o que acabou de fazer e aprender. Tem que chegar burro ao trabalho todo dia."

É raro encontrar um executivo que não acredite no poder da experiência – a idéia de que quanto mais você faz alguma coisa (chips para computador, aviões, anúncios de televisão), mais produtivo você se torna. Mas Dan Wieden e seus colegas também acreditam no poder da inexperiência – a idéia de que quanto mais você faz alguma coisa, maior a importância de desafiar as suposições e os hábitos que forjaram o seu sucesso, para engendrar uma semente de inovação que vai germinar o futuro. Na Wieden + Kennedy, buscar novas idéias equivale a injetar nova energia na empresa, por intermédio de novas vozes – não pela internet, mas por meio de uma arquitetura de participação que abre a agência para soluções externas.

Uma parte crucial da arquitetura de participação é a própria arquitetura da sede da W+K. Há muitos anos, Wieden imaginou um prédio ousado e moderno para a sua agência, que não parava de crescer (o prédio foi inaugurado no início do ano 2000). Ele escolheu um antigo frigorífico, construído há 90 anos, numa área de Portland pródiga em armazéns, comerciantes e artistas. Encomendou aos arquitetos um imenso espaço aberto, no centro de um anfiteatro de quatro andares, todo recortado por passarelas, corredores de concreto e escadarias. O prédio exibe um rico minimalismo, com materiais reluzentes, mas simples: vigas de madeira de demolição, pisos de concreto, grades de tela metálica e degraus servindo de assento, como numa arquibancada. O principal ornamento é a luz natural vazando pelas janelas, que oferecem um panorama circular com uma vista espetacular.

Mas o que mais chama atenção na sede é a política de portas abertas que lota os corredores, salas de reuniões e espaços públicos de visitas interessantes e inesperadas. Antes da inauguração da sede, Wieden convidou o Instituto de Arte Contemporânea de Portland a abrir um escritório no prédio, com a intenção de injetar a energia e a visão de vanguarda da obra de artistas desconhecidos na sede. Em 2004, ele abriu espaço para quatro organizações sem fins lucrativos e expandiu a área do Instituto de Arte Contemporânea. Um programa de artistas residentes fornece habitação e ateliês para artistas de todas as classes – e uma série de palestras abertas ao público acontece no anfiteatro de 400 lugares.

O resultado é uma construção rica em personalidade e cores – lotada de idéias externas e novas perspectivas. "A inovação é algo muito sutil e inexplicável", argumenta Wieden. "Quem pode afirmar de onde vêm as idéias? Mas, se criarmos um espaço cercado de uma energia gerada não só por nós mesmos como também pelas pessoas que nos visitam, se apresentam e fazem todo tipo de trabalho aqui dentro, teremos um lugar de aprendizado irresistível, onde surgirão idéias que não aparecem quando você convive apenas com pessoas da mesma área."

Esta é uma percepção crucial para um mundo fundamentado na cooperação aberta: os líderes mais competentes são os aprendizes mais insaciáveis, e líderes experientes aprendem mais ao interagir com pessoas cujos interesses, formações e vivências são muito diferentes das suas.

A agência também abriu uma escola de propaganda, projetada para injetar a energia, a vitalidade e as idéias dos talentos recém-chegados na empresa. A escola, chamada 12, começou a funcionar em abril de 2004. Em vez de um currículo escolar formal, com um corpo docente tradicional, a escola oferece a 12 alunos por vez a oportunidade de trabalhar, durante 13 meses, para clientes reais. Os alunos pagam 13 mil dólares pelo ensino; por sua vez, os clientes que contratam a 12, em vez da Wieden + Kennedy, pagam valores mais baixos pelas campanhas.

Segundo Jelly Helm, o diretor de criação da agência, a escola "é uma experiência disfarçada de agência de publicidade disfarçada de escola". A primeira turma de 12 alunos, escolhidos entre 2.500 candidatos, incluía um ex-ator, um escultor, um ex-soldador e um contador. Foram designados quatro clientes para o grupo, incluindo uma campanha nacional para estimular as pessoas a votar e uma empresa de software com uma nova ferramenta de busca na internet. Mas a verdadeira missão era bolar novas maneiras de trabalhar – um modelo de colaboração que alterasse a fórmula do setor publicitário "criação – direção de arte – gerente de conta" que transformou o negócio no que Helm considera um "terrível deserto".

"Estamos explorando a possibilidade de um estilo improvisado de colaboração ser capaz de influenciar a criatividade publicitária", explica Helm. "O modelo da agência sempre foi o do gênio solitário com uma idéia revolucionária. Cercamos e mimamos essa pessoa com uma equipe que executa a campanha e confirma a genialidade de quem teve a idéia. O modelo do improviso é exatamente o contrário. Não há um único gênio, mas sim um grupo. E a função de cada pessoa no grupo é aprimorar a idéia do outro." Após poucos anos de funcionamento, a escola já está desafiando noções há muito enraizadas na agência. O próprio Helm diz que está aprendendo com seus alunos e suas abordagens "sistematicamente inesperadas" que, algumas vezes, rejeitam até mesmo suas instruções mais explícitas. "A maioria dos líderes quer 'dominar' suas áreas", diz Helm. "Mas quando pensa que já tem todas as respostas é que você se fecha. Estamos tentando nos manter abertos a novas maneiras de pensar."

"Devemos começar tudo na vida na mais plena ignorância", conclui Wieden. "Do contrário, nunca começamos do começo. Todos nós carregamos tanta bagagem, tantas suposições, hábitos e preconceitos oriundos da experiência que fica extremamente difícil enxergar o mundo como ele é. E encontrar o nosso papel nele, nosso verdadeiro papel, não necessariamente aquele para o qual fomos educados. Temos que aprender a aprender. E aprender a desaprender."

Essas não são palavras de um chefe sabichão. São palavras de um líder de mente aberta, que reconhece a mudança dramática à qual o papel da liderança está sendo submetido.

Capítulo 6

Mensagens inovadoras (2): como liderar um negócio de mente aberta

A inovação da cooperação aberta está reformulando a lógica da criatividade em incontáveis áreas, dos programas de computador e da internet ao setor farmacêutico e às artes. Mas, para colocar em prática a postura aberta, é preciso deixar de lado velhos conceitos sobre a origem das grandes idéias – e refletir sobre quem recrutar para a sua empresa e como inspirar essas pessoas a dar o melhor de si.

Muitos líderes têm dificuldade em fazer a transição para esse novo modelo. Fiquei impressionado com a generosidade de Rob McEwen, quando convidou seus concorrentes do setor de mineração a conhecer, interagir e aprender com as mentes brilhantes que o Desafio Goldcorp tinha revelado. Mas também fiquei impressionado com o fato de nenhum dos seus concorrentes ter decidido copiar a inovação da Goldcorp, apesar dos resultados incríveis e do interesse que desencadeou no público. Como tantos executivos inteligentes e capacitados ignoraram uma idéia tão boa?

Os limites da mentalidade da liderança tradicional se revelam quando se trata de abrir as empresas para o poder intelectual externo. O InnoCentive atraiu um grande número de pessoas talentosas que se cadastraram para solucionar problemas, assim como diversas companhias ávidas por idéias. Mas o maior obstáculo ainda é convencer os altos executivos das empresas que buscam soluções a apresentar mais problemas para serem solucionados pela comunidade do InnoCentive. É preciso uma boa dose de persuasão para que os diretores de pesquisa e desenvolvimento, acostumados à mentalidade "carreira solo" dos cientistas, aceitem que pesquisadores de fora resolvam problemas que eles próprios não conseguiram resolver.

Por que tantos diretores desesperados por resultados se recusam a experimentar um modelo que já trouxe resultados científicos incríveis? As respostas refletem o que acontece (ou não acontece) quando o velho estilo de liderança se depara com a inovadora forma de pensar cooperativa: só porque um novo modelo de criatividade funciona, isso não significa que os executivos presos ao modelo tradicional estejam dispostos a adotar novas condições de trabalho. É preciso estar preparado para romper com a tradição, para que esses princípios norteadores façam parte de sua política de liderança – em seu próprio benefício.

DEFINA BEM O SEU FOCO – E NÃO O AMPLIE DEMAIS

Existe uma grande diferença entre aproveitar o poder intelectual externo e simplesmente adotar uma modalidade espontânea de discussão aberta, que freqüentemente se mostra improdutiva e vaga. Os líderes mais competentes da cooperação aberta sabem que a colaboração funciona melhor quando o foco está bem definido: por exemplo, encontrar 170 toneladas de ouro numa mina específica; criar o melhor componente para um determinado software. Ou seja, não se deve confundir mente aberta com desorganização. Se você definir claramente o seu problema, estará a meio caminho de encontrar uma solução.

Essa é a idéia fundamental por trás da crescente eficácia do prêmio Development Marketplace, do Banco Mundial, uma das iniciativas de cooperação aberta mais inspiradoras e inesperadas que encontramos. O Banco Mundial é uma das organizações mais verticalizadas do mundo, um lugar onde Ph.D.'s com as melhores credenciais tomam decisões financeiras que afetam bilhões de pessoas. Em 1998, com o apoio de James Wohlfenson, seu presidente na ocasião, o Banco Mundial começou a modificar a sua célebre cultura elitista, criando um concurso para encontrar novas idéias que pudessem promover o desenvolvimento econômico. As inovações selecionadas seriam financiadas pelo banco. O Marketplace representa, para a luta contra a pobreza, o que o Desafio Goldcorp representou para a busca de ouro – uma competição mundial, com jurados, rodadas de avaliação e prêmios em dinheiro (milhões de dólares em doações) para os vencedores.

A cada ano o Marketplace fica maior, melhor, mais empolgante e mais eficaz – em grande parte porque fica mais focado. No início, o concurso avaliava milhares de propostas para uma dezena de desafios, que incluíam áreas tão diversas quanto energia, saúde pública e educação. Em 2005, os organizadores restringiram o evento a um único desafio – inovações que misturassem crescimento econômico com desenvolvimento sustentável – e receberam mais de 2.600 propostas, vindas de 136 países. Como todas eram sobre um único tema, a concorrência foi mais acirrada, e o seu impacto mais profundo. Para estreitar ainda mais o foco, o banco organizou competições abertas semelhantes em diferentes países, da Argentina à Zâmbia. Ao avaliar as idéias mais populares num único país sobre um único desafio (diferente para cada país), o foco ficou mais estreito, e os resultados foram ainda mais impressionantes.

A inovação da cooperação aberta é, por sua própria natureza, desordenada, caótica e um tanto estranha para um estilo empresarial mais conservador. Aí reside muito da sua força. Uma parte essencial da tarefa de um líder é conduzir experimentos voluntários coletivos em torno de princípios que ofereçam as maiores chances de ter sucesso – e isso significa manter o foco.

AUMENTE SEMPRE A VARIEDADE DOS PARTICIPANTES

A verdadeira magia da inovação cooperativa não está apenas na quantidade de pessoas que vão lhe oferecer idéias, mas também na diversidade dessas pessoas. Não limite o círculo de participantes a especialistas no seu país, no seu setor, ou no seu produto específico. As idéias mais incríveis geralmente vêm dos lugares mais inesperados. Procure aumentar as chances de ser surpreendido ampliando a variedade dos participantes.

Nem sempre é necessário recorrer à internet ou tentar alcançar os cantos mais remotos do mundo. Você pode começar procurando ver o que acontece quando pessoas que normalmente não são consultadas na sua empresa são convidadas a dar suas opiniões. É o que se faz na Second Curve Capital, sejam quais forem as especializações, o tempo de serviço, a faixa salarial e o nível de conhecimento dessas pessoas. Ao avaliarem a mesma situação no mercado, elas se valem de sua própria formação, treinamento, interesses e experiências de vida. O que alguém irá observar no mercado reflete a procedência dessa pessoa.

A IDEO, uma influente firma de design de produtos no Vale do Silício, transformou a abordagem criativa "quanto mais diferente, melhor" numa regra comercial. Uma das suas inovações inconfundíveis é o que a empresa chama ironicamente de "grupos de desconcentração". São reuniões geradoras de idéias que misturam "pessoas radicais e extraordinárias", de estilos de vida bem diferentes, mas com o mesmo interesse por um tipo de produto específico (uma alternativa inovadora para os tradicionais grupos de discussão, nos quais uma equipe de pessoas com as mesmas opiniões, renda, faixa etária e os mesmos gostos avalia produtos e idéias).

Tom Kelley, gerente-geral da IDEO, descreve um dos grupos de desconcentração que abordou o pacato universo dos sapatos. Dorinda Von Stronheim, responsável pela criação desses grupos, reuniu uma equipe que incluía uma cantora de bar, um artista que trabalhava como motorista de limusine, um sujeito que caminhava sobre brasas e diversos tipos de pessoas com opiniões bem definidas (mas muito diferentes) sobre os sapatos que usavam no trabalho e no lazer. Essa trupe foi dividida em grupos menores, que ajudaram os designers a criar protótipos de verdade para novos modelos de sapato, baseados nos seus interesses singulares e às vezes estranhos.

Foi exatamente a paixão que essas pessoas tinham pelo tipo de produto que discutiam – e o fato de serem muito diferentes umas das outras – que fez com que o grupo de desconcentração gerasse muitas idéias produtivas.

Esta é a lição para os líderes de mente aberta: pessoas bem diferentes, buscando a mesma coisa, tendem a desenvolver idéias mais perspicazes. A sua tarefa é reunir essas pessoas.

NÃO SE ESQUEÇA DE SE DIVERTIR

Inovação é algo sério, mas, se você quer mobilizar o poder intelectual de voluntários e de pessoas diferentes, o seu projeto de cooperação aberta precisa ser exuberante, impressionante e dinâmico. Esse caráter é algo natural para os organizadores do Fringe Festival, em Edimburgo. O Fringe já nasceu dentro do espírito de colaboração artística, mas se tornou mundialmente famoso graças à intensidade da sua competição – especialmente ao aumentar cada vez mais a extensa lista de prêmios, recompensas e oportunidades aos quais os artistas concorrem. A edição de 2005 do festival concedeu o impressionante total de 72 prêmios e chegou até mesmo a aceitar votos para um prêmio de... melhor prêmio!

Talvez tenham ido longe demais, mas existe uma estrutura por trás da obsessão do Fringe por prêmios. É o mesmo motivo pelo qual os torneios da TopCoder são organizados como competições explícitas, com jurados, rodadas eliminatórias e finais, nas quais é possível perder tudo. A criatividade e a invenção andam junto com a emoção. Os seres humanos adoram sentir o êxtase da vitória – e a agonia do fracasso. Se você mantém alto o nível de motivação dos participantes, as chances de que eles apareçam com idéias fantásticas aumentam muito.

Na agência de publicidade Wieden + Kennedy, todos podem concorrer ao prêmio Slime Mold, criado por Dan Wieden e Bill Davenport. Os funcionários enviam o projeto dos seus sonhos a um comitê e concorrem para receber financiamento para realizá-los. Por que encorajar as pessoas a realizar suas paixões extracurriculares em vez de deixá-las concentradas nas exigências de seus clientes? "Porque a criatividade é essencialmente transgressora", responde Wieden. "É preciso ter elementos subversivos na empresa, para que você se mantenha atento e em constante evolução. É assim que vemos as pessoas e a criatividade em si."

As regras são simples: qualquer um pode encaminhar uma proposta, desde que não tenha nada a ver com publicidade. A "banca" do Slime Mold já recebeu propostas de tudo: de livros e curtas-metragens a projetos de belas-artes e design de móveis. "Ao oferecermos oportunidades para que as pessoas possam ir além do trabalho em publicidade, damos a elas uma injeção de ânimo e aumentamos a nossa reputação como agência criativa", explica Davenport.

COMPARTILHE OS LUCROS

Se você espera que desconhecidos (ou mesmo funcionários e colegas) compartilhem suas melhores idéias, não se surpreenda se eles esperarem algo em troca. Pode ser dinheiro ou reconhecimento, mas normalmente o que leva as pessoas a participar de projetos cooperativos é a chance de se esforçar, de aperfeiçoar seus conhecimentos e de interagir com os melhores profissionais de suas áreas. Elas querem aprender com os melhores inovadores no seu campo e mostrar ao mundo o melhor de suas inovações. É preciso criar um estilo de organização e liderança que permita compartilhar e aceitar idéias de pessoas de fora.

O livro *What We Learned* (O que nós aprendemos), produzido por Jelly Helm e seus colegas na 12 – a escola de propaganda da Wieden + Kennedy –, é um pequeno porém eficaz exemplo do estilo de liderança "compartilhe o que sabe". Tem um formato atraente, recheado de fotografias, ilustrações originais e capa de couro com letras douradas. O mais importante e significativo, contudo, é que ele apresenta na íntegra os resultados reais de uma experiência em andamento, incluindo êxitos brilhantes e fracassos retumbantes.

Dave Luhr, diretor de operações da agência, a princípio reagiu mal ao projeto: "Meu primeiro impulso foi dizer: 'Era só o que faltava, 12 jovens sem experiência e um projeto que vai nos custar tempo e dinheiro, além de desviar a atenção de nossos profissionais das necessidades de nossos clientes.' Mas, em vez disso, a 12 representou uma injeção de ânimo na agência, e tivemos um dos anos mais produtivos da nossa história. As primeiras reações nem sempre são as mais certas. Aprendi a lição."

A lição de Dave se estende para além dos corredores da 12. A oportunidade de aprender é a moeda de troca mais valiosa na arte da cooperação. Pessoas talentosas vão compartilhar suas melhores idéias com empresas e líderes que estejam igualmente dispostos a compartilhar o que sabem, e todos se tornarão ainda mais talentosos ao longo desse processo.

ESFORCE-SE PARA CONTINUAR ABERTO A NOVAS IDÉIAS E NOVOS MODELOS DE LIDERANÇA

As inovações trazidas pela cooperação aberta não diminuem a importância de uma liderança executiva. Pelo contrário: até mesmo os exemplos mais radicais de colaboração em grupo mantêm, em seu núcleo, um único líder bastante conhecido, seja Linus Torvalds, no Linux, ou Jimmy Wales, o fundador da Wikipedia (a enciclopédia on-line que é escrita e editada por seus próprios leitores).

Os líderes que abraçam uma mentalidade cooperativa, no entanto, fazem a si mesmos perguntas diferentes daquelas formuladas por outros líderes. Será que sou alguém com quem outras pessoas talentosas gostariam de trabalhar e trocar idéias? Sou capaz de manter uma atitude tão aberta e transparente quanto a daqueles que participam do meu projeto? Será que sou capaz de demonstrar uma personalidade forte, até mesmo carismática, e uma boa dose de humildade intelectual? Se você encontrar as respostas certas para essas perguntas, é bem possível que acabe se colocando bem no centro de incríveis inovações cooperativas.

Darren Carroll, que adora fazer conexões entre o impacto descentralizador da tecnologia e as mudanças da lógica da liderança, descreveu o dilema que enfrentou como diretor executivo do InnoCentive – e como o solucionou. Suas idéias traduzem o problema com o qual líderes do mundo inteiro se deparam quando desejam convencer pessoas talentosas a trabalhar com eles.

"A velha abordagem de liderança, que pressupõe recompensa para acertos e punição para erros, não existe mais", afirma Carroll. "Temos 90 mil pessoas trabalhando para nós e, como líder, não posso avaliar o desempenho de todos, oferecer bônus, rebaixá-los ou demiti-los. Então, como instigá-los a fazer coisas inesperadas? A resposta está em ser cada vez mais aberto. Neste novo mundo, quanto mais transparente for o líder, maior será sua chance de atrair seguidores. O líder que descobrir uma maneira de fazer com que todos saiam ganhando também sairá ganhando. O líder que tiver uma mentalidade 'tudo ou nada' não ganhará nada."

PARTE 3

Reconectando-se com os clientes

Capítulo 7

Do valor vendido ao valor compartilhado: como superar a era da sobrecarga

"Ninguém precisa de um novo banco igual a todos os outros. Criamos uma experiência ímpar, inimitável, para os nossos clientes. Várias pessoas me disseram que seus filhos pediam para ir à Starbucks nas manhãs de sábado. Agora querem vir para o banco!"

Vernon Hill, Presidente e Diretor Executivo do Commerce Bancorp

Noite de sábado em Manhattan, e o clima no Radio City Music Hall é de euforia. O teatro está lotado, com um público que mal consegue conter o seu entusiasmo. As 6 mil pessoas da platéia aplaudem ruidosamente, sendo que a maioria chegou ali uma hora antes de o espetáculo começar. Muitas mulheres usam vestidos ou echarpes vermelhas. A maioria dos homens veste camisa ou gravata vermelha. Homens e mulheres usam chapéus vermelhos engraçados.

Quando o espetáculo começa, é energia pura, do início ao fim. As Rockettes, em trajes vermelho vivo, executam uma das suas tradicionais coreografias. O palco escurece, e os holofotes destacam um novo grupo de artistas fantasiados como tribos urbanas modernas, valentões de rua e guardas-noturnos empunhando cassetetes, num número musical com jeito de *West Side Story* atualizado para as novas gerações. A platéia toca cornetas, sacode pompons e literalmente dança pelos corredores. Em diversos momentos, centenas de nova-iorquinos na platéia expressam o orgulho que sentem da sua cidade natal gritando "Nova York! Nova York!".

É um musical interativo, que conta com a participação da platéia no limite do caos completo? Nada disso. Trata-se da cerimônia de premiação organizada por um banco – um espetáculo anual único, encenado pelos funcionários e para os funcionários de uma empresa que cresceu criando espetáculos memoráveis para os seus clientes. O Commerce Bank, cuja matriz fica próximo à Filadélfia, em Cherry Hill, Nova Jersey, destacou-se entre os seus concorrentes maiores (e menos pitorescos) por transformar suas agências em palcos para fazer os clientes rirem.

O Commerce está em cena há mais de 30 anos. Foi fundado em 1973 com poucos funcionários, 1,5 milhão de dólares de capital e um escritório em Nova Jersey. Atualmente, tem mais de 13 mil funcionários, mais de 35 bilhões de dólares em depósitos de clientes e 375 filiais espalhadas de Nova York à Flórida, e pretende expandir-se para chegar a 700 filiais até 2009. Um investidor que tenha empregado 100 mil dólares no Commerce em janeiro de 1985, 20 anos depois possuía ações no valor de 3,5 *milhões* de dólares. O valor da empresa no mercado de ações, que era de 400 milhões de dólares no final de 1996, chegava a quase 6 *bilhões* de dólares no final de 2005.

Não é à toa que o Commerce deixa tantos concorrentes vermelhos de raiva. Mas não é por isso que a maioria da platéia no Radio City está vestida de vermelho. É porque o vermelho é a cor oficial do Commerce Bank. Na verdade, em todos os locais onde o banco está presente – sede, agências e até mesmo a central telefônica de atendimento aos clientes – as sextas-feiras foram apelidadas de "Sextas Vermelhas". Os funcionários vão para o trabalho vestindo pelo menos uma peça vermelha – às vezes um simples lenço, às vezes uma extravagante produção toda em vermelho, elaborada para chamar atenção. Uma vez por mês, os clientes também podem participar, vestindo algo vermelho e indo ao banco para concorrer a prêmios.

O espetáculo anual, chamado *Wow! Awards* (uma mistura de cerimônia do Oscar com uma animada festa de escola), homenageia os funcionários que ultrapassam e superam as altíssimas expectativas do banco nos quesitos trabalho e diversão. Tive a oportunidade de participar da divertidíssima premiação de 2005, no Radio City Music Hall.

O investimento em tempo, dinheiro e energia é impressionante. O banco contrata músicos e coreógrafos profissionais para fazer a trilha sonora e as coreografias para o espetáculo. Mais de 250 funcionários do Commerce ensaiaram quatro horas por semana durante dois meses, em grupos e com instrutores individuais, para fazer parte do elenco. As ruas nas proximidades do Radio City estavam atulhadas de ônibus que transportaram centenas de funcionários para participar da platéia – de caixas de meio expediente recém-contratados a gerentes com décadas de experiência, de adolescentes usando jeans e camiseta a sexagenários em traje de gala.

Dentro do teatro, quase 50 funcionários premiados (escolhidos entre 500 indicados paramentados de vermelho) desfrutam seu momento de glória. *Melhor funcionário de suporte ao varejo! Melhor gerente de agência! Melhor consultor de financiamentos! Melhor analista de crédito!* Um alto executivo que subiu ao palco para entregar um dos prêmios chegou a fazer uma estrela com considerável agilidade.

"O setor bancário é um setor morto", declarou Dennis DiFiorio, presidente de operações de varejo do Commerce, com quase 20 anos na empresa. "É um serviço público, como uma companhia de gás. Estamos criando um vínculo emocional com nossos clientes. O mundo não precisava de mais um banco – e foi então que nós surgimos em cena. Criamos um fenômeno, no que diz respeito à comodidade, ao serviço e aos nossos valores. Somos extravagantes. Os que ocupam cargos de liderança neste banco são, quase todos, praticamente lunáticos. Temos que ser. Lançamos uma marca cult em um setor moribundo."

PRODUTOS INCRÍVEIS! PREÇOS BAIXOS! CLIENTES INSATISFEITOS! POR QUE OS "NEGÓCIOS DA CHINA" NEM SEMPRE FUNCIONAM

Existe uma tensão no centro do relacionamento entre a maioria das empresas e seus clientes. Os serviços e produtos que elas oferecem estão melhores do que nunca; literalmente, são as maiores pechinchas da História. Nunca foi tão barato pegar um avião de Dallas para Los Angeles, fazer uma ligação telefônica de Boston para Bruxelas, comprar um laptop ou um aparelho de DVD. No entanto, quanto mais as empresas aumentam a qualidade e diminuem os preços – e quanto mais gastam em anúncios chamativos e promoções frenéticas –, menos parecem impressionar os seus clientes.

Em outras palavras, apesar de uma década de avanços espetaculares de preço-desempenho (por exemplo, em todos os tipos de hardware de informática), apesar de uma explosão de inovação nos eletrônicos, telefones celulares e acesso à internet e apesar de algumas das campanhas publicitárias mais divertidas e interessantes da História, os consumidores continuam impassíveis e não apreciam o que lhes é oferecido. Quanto mais os executivos se esforçam para tornar as coisas mais baratas, mais confiáveis e mais *desejáveis*, mais insatisfeitos os consumidores parecem ficar.

Se as empresas competem pela originalidade de suas idéias e o poder de seu ponto de vista, então onde estão errando no modo de abordar seus consumidores? Uma resposta lamentável é que diversas empresas *não estão* pensando nos seus consumidores. Muitas estão ocupadas demais fazendo aquisições, consolidações, terceirizações e redimensionando custos, e atender às expectativas de seus clientes fica bem atrás na sua lista de prioridades, abaixo das exigências de redução de custos de Wall Street. Trocando em miúdos, quando dois gigantes empresariais se fundem, é o consumidor que sofre.

Claes Fornell, um professor altamente prestigiado da Ross School of Business da Universidade de Michigan, escreveu um trabalho minucioso sobre o baixo índice de satisfação do consumidor americano, um importante indicador de estabilidade competitiva a longo prazo: "Os responsáveis pela insatisfação do consumidor parecem ter sido a redução de custos por meio da diminuição da mão-de-obra, investimentos pesados em tecnologia em detrimento do serviço de atendimento ao cliente, fusões e aquisições, alternativas limitadas para o consumidor ou uma combinação de todos esses fatores."

Ou seja, a satisfação dos consumidores diminuiu porque as empresas fizeram seus clientes sofrer enquanto executivos priorizavam outras coisas. Um exemplo clássico: o serviço telefônico gratuito de atendimento ao cliente. O temor generalizado da terceirização tornou-se um componente central nos debates políticos e na mídia especializada: por que um cliente insatisfeito em Indiana, nos Estados Unidos, é obrigado a falar com alguém em Bangalore, na Índia, sobre um defeito no seu laptop? Mas a incansável *automação* dos serviços – a eliminação quase total de qualquer contato humano entre as empresas e seus clientes – revela prioridades ainda mais equivocadas.

De acordo com o *Wall Street Journal*, as empresas americanas gastaram mais de 7,4 bilhões de dólares em apenas um ano para expandir suas centrais telefônicas automatizadas – de modo que "está cada vez mais difícil ter acesso a uma pessoa de verdade". Esqueça a história de pressionar o zero para falar com um atendente. Agora, segundo a reportagem do *Journal*, "é preciso decifrar um código secreto ou falar a palavra mágica". Mas há um pequeno detalhe: *as empresas não dizem aos clientes que teclas devem pressionar*. E, quando vários clientes decifram o código por conta própria, as empresas vão lá e mudam tudo. Seria cômico se não fosse tão lamentável – e tão obviamente contraproducente. (O artigo do *Wall Street Journal* conta uma história ao mesmo tempo divertida e deprimente. Robert Barzclay levou 11 meses tentando resolver um litígio sobre uma cobrança de 110 dólares de seu provedor de internet. Apesar de ter passado 600 minutos com suas chamadas em espera, nunca conseguiu falar com um atendente. "Concluí que não havia nenhum ser humano trabalhando naquela companhia", ele disse ao jornal.)

Perdemos a conta de quantos executivos nos apresentaram planos para aperfeiçoar os produtos e serviços de suas empresas "ouvindo a voz de seus clientes". Lembrete para o chefe: *atenda o telefone!* Os seus clientes estão tentando falar com você.

O problema mais grave, no entanto, é que várias empresas, até mesmo as comprometidas a tratar bem os seus clientes, confundem vender bons produtos a preços competitivos com criar uma impressão duradoura nas pessoas que os compram. É um dos perigos típicos do capitalismo do século XXI: quando praticamente tudo fica mais barato a cada ano, oferecer um "negócio da China" aos seus clientes não vai conquistá-los ou mantê-los satisfeitos – porque alguém, invariavelmente, aparece com um negócio ainda mais vantajoso. Clare Boothe Luce certa vez escreveu: "Nenhuma boa ação fica impune." O mundo dos negócios criou a sua própria versão deste popular aforismo: "Nenhum bom negócio deixará de ser superado."

Três realidades ingratas definem o estado em que se encontra a competição em setores que vão dos automóveis às companhias aéreas, dos filmes aos fundos mútuos: excesso de ofertas, capacidade excessiva e completa sobrecarga sensorial. As empresas estão vendendo muito de tudo; têm os recursos necessários para produzir ainda mais do que já estão vendendo em excesso e estão disparando uma overdose de mensagens de marketing para clientes que não têm nem tempo de digerir tudo que estão vendo e ouvindo.

Há alguns anos, dois professores suecos de Economia escreveram um livro incrível (e um pouco excêntrico) chamado *Funky Business: talento movimenta capitais*. Jonas Ridderstrale e Kjell Nordstrom abordam temas que vão de computação a cristianismo, de estratégia de negócios a sexo. Eles analisam o que chamaram de "sociedade do excedente" – um fenômeno que descreve praticamente todos os mercados de todos os produtos e serviços do mundo desenvolvido. Na Noruega, relatam, um país com apenas 4,5 milhões de habitantes, os leitores podem escolher entre 200 jornais diferentes e 100 revistas semanais. Na Suécia, com apenas 9 milhões de habitantes, é possível escolher entre mais de 350 marcas de cerveja, sendo que há 10 anos havia só 50. Em apenas um ano, contam eles admirados, a Seiko vendeu 5 mil modelos de relógios. "Vivemos a era do mais", declaram os professores. "Mais escolhas. Mais consumo. Mais diversão. Mais medo. Mais incerteza. Mais competição. Mais oportunidades. É um mundo de excessos: um mundo de abundância."

Em 2004, Barry Schwartz apresentou uma visão inédita e intrigante sobre a sociedade do excedente no seu livro *O paradoxo da escolha*. Para ele, o que há de mais notável no novo mundo das escolhas infinitas não é o fato de deixar as prateleiras das lojas abarrotadas ou os negócios menos rentáveis – ele deixa os consumidores tontos, confusos e até mesmo deprimidos.

"No ponto em que estamos, a escolha, em vez de ser libertadora, passa a ser opressora", escreveu, "podendo ser até mesmo tirânica... Os americanos de hoje estão cada vez mais insatisfeitos, ainda que sua liberdade de escolha esteja em constante expansão." É uma conclusão perturbadora – mas que pode ser confirmada por executivos esforçados de empresas com clientes cada vez mais insatisfeitos.

Os desafios são bem claros: como fazer uma oferta irresistível para consumidores que já têm mais do que o suficiente daquilo que você está oferecendo? Como destacar-se do grupo quando o grupo continua crescendo e ficando mais chamativo (e melhor) a cada ano que passa? Como construir uma relação com clientes capaz de suportar o bombardeio de preços menores, promessas fantásticas e produtos com atributos mais atraentes – uma relação que convença os clientes de que fizeram a escolha *certa* e que os mantenha ávidos a continuar fazendo a *mesma* escolha?

É tentador responder a todas essas perguntas com uma única palavra: Starbucks. O império do café expresso de Seattle é um dos verdadeiros milagres empresariais dos últimos 20 anos – mais do que um ícone, mais do que uma empresa de grande crescimento, é um objetivo e uma instituição que se tornou parte da paisagem americana, o chamado terceiro local entre a casa e o trabalho onde as pessoas se encontram, param para pensar, relaxam, ouvem música, conferem e-mails e, entre uma coisa e outra, gastam 3,50 dólares em um cappuccino. Ao conceber seu negócio não como uma mera lojinha de café e sim como uma experiência sensorial rica, constante e única que engloba a aparência da loja, o que ela vende, quem trabalha nela e até a linguagem exótica utilizada pelos clientes para fazer seus pedidos, o presidente da empresa, Howard Schultz (que desembolsou 3,8 milhões de dólares para investir na Starbucks em 1987, quando possuía apenas 17 lojas e 100 funcionários), criou um império com mais de 10 mil lojas, quase 6 bilhões de dólares em vendas e um valor de mercado de mais de 25 bilhões de dólares. A Starbucks oferece algo que cria um vínculo com seus clientes, não apenas algo para beber, e 25 milhões de pessoas visitam suas lojas, toda semana, para consumir seja lá o que for que estejam vendendo.

A questão é, obviamente, se a Starbucks é uma mistura única de negócios e cultura ou se as suas lições podem gerar marcas bem-sucedidas em outras áreas. Howard Schultz e Dan Levitan (o investidor financeiro que foi o responsável pela oferta pública inicial da Starbucks em 1992) não têm dúvidas quanto à resposta. Eles são sócios da Maveron, uma firma de capital de risco lançada em 1998. A Maveron busca empresas que possuam uma ligação irresistível com seus clientes – o que Levitan chama de "contrato psicológico", que redefine as expectativas e reinventa uma categoria.

"Muitas pessoas pensam que marca tem a ver com marketing ou embalagem, como se fosse um papel de embrulho", diz Levitan. "Para nós, a criação de uma marca é um contrato psicológico – o contrato entre uma empresa e seus funcionários, e entre esses funcionários e seus clientes. Empresas que possuem uma boa relação com seus clientes são construídas com base numa paixão genuína, além de um compromisso diário com operação excelente. Os funcionários não sentirão a paixão e não conseguirão manter a disciplina operacional se não se sentirem satisfeitos com o que a empresa vende e com os valores que ela representa."

Não é de admirar que a Maveron seja uma das principais investidoras da Cranium, a célebre criadora de jogos de tabuleiro que "virou o jogo" num setor esgotado e abarrotado. A Maveron também é uma das principais investidoras de uma pequena e crescente cadeia de restaurantes em Chicago chamada Potbelly Sandwich Works (faturamento estimado em 2005: 100 milhões de dólares). Quem visita a Potbelly percebe logo que a empresa pretende reinventar o mercado de um produto básico americano (o sanduíche), assim como a Starbucks reinventou o mercado de outro produto básico americano (o café).

"É um ambiente bastante animado", diz Levitan sobre a empresa. "Os funcionários são otimistas e alegres. Há uma energia no ar que torna tudo divertido. A maioria das pessoas acha que todas as lanchonetes são iguais. Ouvi a mesma coisa em 1991, quando me disseram que uma xícara de café era só uma xícara de café. Hoje, 25 bilhões de dólares de valorização no mercado de ações depois, essa idéia é parte do passado."

As semelhanças entre a Potbelly e a Starbucks são impressionantes. Assim como a Starbucks, que começou em Seattle 16 anos antes de Howard Schultz comprá-la, a Potbelly era uma marca conhecida na sua cidade natal antes de se expandir em rede nacional. Como Schultz, o presidente e diretor executivo da Potbelly, Bryant Keil, não foi o responsável pela criação da empresa. Era um freguês assíduo, que a comprou dos seus fundadores em 1996. (Desde então, ele levantou 60 milhões de dólares com a Maveron e outras firmas altamente respeitadas. A empresa, que se limitava a algumas lojas em 2001, no final de 2005 já contava com 100 filiais e quase 3 mil funcionários. A meta a longo prazo é ter milhares de filiais espalhadas pelos Estados Unidos.) Assim como a Starbucks, a Potbelly se recusou a ser franqueada, valendo-se apenas de lojas pertencentes à própria empresa. É uma estratégia mais exigente, que requer mais investimento de capital, mas preserva a qualidade, a padronização e a personalidade da marca – e sustenta o compromisso da empresa com funcionários e clientes, o que tem um efeito psicológico importante.

Viajei para Chicago para sentir a "experiência Potbelly" de perto. Realmente, é uma refeição que não pesa no estômago, mas mexe com os sentidos. A loja no térreo do Chicago's Merchandise Mart é vibrante, peculiar, pródiga em cores. Placas de rua, pôsteres, fotografias antigas e estantes lotadas de livros complementam a decoração. Ao contrário da Starbucks, a Potbelly oferece preços incrivelmente razoáveis – qualquer sanduíche custa 3,79 dólares, qualquer milk-shake ou vitamina de frutas, 2,69 dólares. Há um mezanino onde artistas se apresentam ao vivo quase todas as tardes. E, é claro, há um forno arredondado, chamado *potbelly*, como em todos os pontos da cadeia, em homenagem à loja original.

A história da Potbelly é conhecida em Chicago. Nos idos de 1977, um casal começou a vender sanduíches quentes e milk-shakes batidos à mão para atrair mais clientes à sua loja de antigüidades na Lincoln Avenue, na zona norte da cidade. Com o tempo, a venda de comida ultrapassou a de antigüidades, então a loja virou uma loja de sanduíches decorada com antigüidades, incluindo um forno *potbelly* perfeitamente funcional.

Bryant Keil, cujo escritório fica 23 andares acima da Potbelly do Merchandise Mart, não tem a postura superconfiante de alguém que está fazendo marketing de um estilo de vida. É modesto, metódico, quase tímido. Mas, quando começa a explicar a fórmula de crescimento da Potbelly, fica claro que ele tem grandes ambições para a sua empresa – todas condicionadas à manutenção de um vínculo singularmente pessoal com os seus clientes. "Tocar um negócio medíocre é muito fácil", diz Keil. "Já fazer as coisas bem-feitas é exponencialmente mais complicado. É por isso que não gosto da palavra 'cadeia'. Somos a *anticadeia*. Poderíamos construir nossas lojas de maneira mais rápida e barata se tudo fosse pré-fabricado, pré-planejado, perfeitamente organizado. Sou perfeccionista, mas quero que os itens em nossas lojas sejam *imperfeitos*. Faz parte do charme."

A Potbelly, de fato, investe pesado na busca da "imperfeição" produtiva. A empresa tem um designer todo-poderoso trabalhando em tempo integral para garantir que todas as lojas, sejam elas em Dallas, em Indianápolis ou em Washington, tenham a mistura certa de placas, livros, quadros e artefatos que dêem à lanchonete um toque pessoal e local. A Potbelly possui a sua própria oficina em Chicago, onde carpinteiros, pintores e outros artesãos fazem as cabines, mesas e estantes que decoram cada loja. Nem o cardápio é perfeito. O menu oficial da Potbelly tem apenas 11 sanduíches básicos. Mas, com o tempo, os clientes regulares descobrem que a lanchonete produz vários outros que estão fora do cardápio. "O grande desafio é descobrir como uma empresa se torna grande mas continua a parecer pequena", diz Levitan. "O cliente fiel se sente capaz de dizer: 'Sou da casa, faço parte do clube.'"

Com o tempo, os clientes antigos ensinam aos novatos como se tornar parte do clube. "É muito engraçado", diverte-se Bryant Keil. "Alguém na fila diz: 'Quero um cheeseburger.' As outras pessoas se entreolham e dá para ver a surpresa no seu rosto: 'Eles não servem cheeseburger aqui!' Na verdade, servimos. É uma espécie de sanduíche de almôndega sem o molho, com todos os acompanhamentos típicos de um cheeseburger. Então outras pessoas escutam, ficam sabendo e logo começam a pedir também. Os clientes antigos ensinam aos novos 'como funciona a

Potbelly'. Essa sensação de descoberta é uma das coisas que admiro em nossas lojas."

Assim como a Potbelly, outras empresas descobriram estratégias fascinantes e instrutivas para superar a era do excesso. Essas empresas pertencem a setores muito diferentes e projetam personalidades radicalmente diversas. Mas, de uma forma ou de outra, todas descobriram como parar de interagir com seus clientes exclusivamente (ou até mesmo principalmente) na base do valor econômico ditado pelo dinheiro. Em vez disso, encorajaram a clientela a comprar seus valores e forjar laços de lealdade e identidade compartilhada que ajudam ambos os lados a vencer a confusão do mercado abarrotado de ofertas. Para destacar-se da multidão, essas empresas passaram a personificar algo especial aos olhos de seus clientes.

PARA TORNAR SUA EMPRESA ESPECIAL, TORNE O SEU DESEMPENHO INESQUECÍVEL

"Todas as grandes empresas redefiniram seus setores", declara Vernon W. Hill II, sentado detrás de uma imensa mesa no seu espaçoso escritório na sede do Commerce Bank. Hill é fundador, presidente e diretor da empresa. Ele está estudando os protótipos de um novo produto do Commerce – um cartão de débito no qual os clientes podem creditar dinheiro e dar de presente para amigos e familiares. Hill e seus colegas estão penando para definir o tipo de fonte a ser usado no cartão, seu design e o tamanho do logotipo do Commerce.

"Quantos diretores executivos de bancos importantes se preocupam com a aparência dos seus cartões de presente, e em como as agências vão executar suas idéias?", questiona Hill. "Nós *temos* que nos preocupar com isso. Acreditamos numa execução impecável: de que modo podemos transformar esse cartão em uma experiência do tipo 'Uau!', marcante para nossos clientes? Atualmente, a maioria dos bancos que lançam esse gênero de cartão cobra por ele. Não vamos cobrar nada dos nossos clientes, vamos oferecer os cartões de graça."

Essa é a mentalidade inovadora que move Vernon Hill. O que diferencia a sua empresa das concorrentes em um segmento abarrotado e pouco inspirado da economia é a sua habilidade de repensar o banco como uma operação de varejo de última geração, um banco que não age como um banco. "Embora tenha recebido o treinamento de um banqueiro, *não sou* um banqueiro", insiste Hill. "Somos varejistas em crescimento."

Tudo na abordagem de Hill reforça a sua postura "não-somos-um-banco". Ele não avalia o desempenho da sua empresa em relação ao Citigroup ou outros gigantes do setor bancário que passam a maior parte do tempo fazendo aquisições, fusões e cortando custos. O Commerce não chama suas 375 filiais de agências, e sim de *lojas*. Como todos os varejistas de primeira linha, Hill e seus colegas ficam radiantes quando os clientes visitam suas lojas e vivem bolando estratégias para fazer com que eles voltem sempre (algumas lojas do Commerce recebem visitas de 100 mil clientes por mês. A média mensal do McDonald's é de 25 mil).

A maioria das lojas do Commerce fica aberta de 70 a 80 horas por semana – uma inovação inédita no setor bancário, lançada pelo Commerce. Esqueça os horários de funcionamento tradicionais de um banco comum. A loja do Commerce na esquina da rua 94 com a Broadway, em Manhattan, fica aberta mais de 12 horas por dia, de segunda a sexta (funcionando até meia-noite de sexta-feira), mais de 10 horas aos sábados e cinco horas aos domingos.

Hill mal consegue conter seu entusiasmo quando lhe perguntam por que outros bancos não mantêm suas agências abertas tanto tempo quanto as lojas do Commerce. "É a idéia mais simples do mundo", diz ele. "*Vamos abrir quando os clientes quiserem que estejamos abertos.* Mas, até hoje, ela é vista como uma heresia no setor bancário. As pessoas acham que somos loucos. A primeira coisa que os banqueiros me perguntam é: 'Como você coloca funcionários para trabalhar aos domingos?' Sabe qual é a minha resposta? 'A Wal-Mart fica aberta. Os shoppings estão abertos. Todas as lojinhas de fast-food do país estão abertas. Não deve ser tão difícil assim, não é?' Não copiamos bancos idiotas. Copiamos os grandes varejistas."

Um exemplo é a chamada política de transferência cordial. Hill explica: "Digamos que você ligue para cá e precisemos transferi-lo para outro departamento. O atendente não pressiona simplesmente uma tecla. Ele ou ela o mantém na linha, chama a pessoa encarregada para falar com você e diz "Joanne, estou com o Jim na linha e ele está querendo saber disso assim, assim", e só então o primeiro atendente desliga sua extensão. Chamamos isso de 'transferência cordial'."

Hill é inflexível em relação à exclusividade do modelo do Commerce no seu setor: o primeiro mandamento de negócios para um banco é acumular o máximo de depósitos possível. Isso parece bom senso, mas é uma verdadeira mudança no modo como os grandes bancos tendiam, até recentemente, a fazer negócios. Por anos a fio, eles basicamente toleravam depositantes de varejo enquanto competiam para oferecer empréstimos caros, distribuíam cartões de crédito e faziam manobras para apresentar vantagem sobre as grandes firmas de Wall Street. Mas, com o excesso de competição nos mercados de capitais, os clientes varejistas se tornaram mais atraentes.

Ainda assim, Hill mostra-se igualmente inflexível quando afirma que não vai pagar uma taxa de juros tão alta quanto a dos seus concorrentes para acumular depósitos. Na verdade, as taxas do Commerce estão longe de ser as melhores disponíveis. É aí que entra a mentalidade varejista. "Acreditamos que os clientes se preocupam mais com a experiência do varejo do que com o preço mais baixo, o que, no nosso caso, é a taxa de juros maior", explica Hill. "Então fazemos de tudo para fortalecer a nossa ligação com os clientes, para tornar a experiência divertida. E damos 1 milhão de pequenos passos para reforçar nossa mensagem."

São esses "pequenos passos" que tornam o desempenho do Commerce tão inesquecível para os clientes – e que parecem tão extravagantes para os concorrentes. A empresa raramente perde uma oportunidade de subverter a sabedoria popular. Uma clássica inovação às avessas é a sua postura diante da compensação de cheques. Na maioria dos bancos americanos, os clientes precisam esperar três ou quatro dias para ter acesso à quantia que depositaram em cheque. Em alguns grandes bancos em Nova York, podem ter que esperar até uma semana pela compensação. No Commerce, os valores depositados em cheque estão disponíveis na conta *no dia útil seguinte*, sem complicações.

Mas isso tem um preço: o Commerce paga mais por fraudes com cheques do que seus concorrentes. Mas o que perde em cheques sem fundo ganha em boa vontade. Tom Brown, analista bancário, acha que o Commerce "é o melhor banco do país": "Quando conheci esses caras, fiquei altamente cético. Eles não acreditavam que clientes diferentes devessem ser tratados de maneira diferente. Mas acreditavam em encorajar os clientes a visitar suas agências. Faziam tudo *ao contrário* do que as pessoas no setor, em geral, acreditavam que devia ser feito."

Brown continua: "A maioria dos bancos vê a compensação de cheques como uma forma de minimizar prejuízos", explica. "Mas Vernon não está preocupado em fazer coisas que minimizem prejuízos. Quer fazer coisas que maximizem a satisfação dos seus clientes. Ninguém entende por que o processo de compensação de cheques é tão complicado. É a queixa número um dos clientes e dos caixas. O Commerce tem uma mentalidade completamente diferente. E os seus clientes – e funcionários – adoram isso."

Talvez a inovação mais memorável de Hill, que se tornou um tremendo diferencial entre os clientes, é o Penny Arcade de seu banco – uma máquina de contar moedas. Ao longo dos anos, como reflexo da sua ânsia de cortar custos e espantar os clientes das agências, grandes bancos tornaram cada vez mais difícil e caro para os seus clientes o ato de trazer um jarro de vidro ou um cofrinho e ter suas moedas contadas. Mas, onde os outros estabelecimentos viram um custo a ser reduzido, o Commerce viu uma oportunidade de criar uma experiência inesquecível. Atualmente, em todas as 375 lojas do Commerce existem Penny Arcades chamativas, coloridas e fáceis de usar. Ficam na entrada e estão gratuitamente disponíveis para qualquer um que queira usá-las. Hill ficou admirado com o sucesso.

"Essas máquinas são usadas praticamente 500 mil vezes por mês", ele diz. "Temos lojas em Nova York nas quais tivemos que instalar duas ou três. Ninguém no meu setor gastaria o dinheiro que gastamos com essas máquinas. Todos querem aumentar as taxas e reduzir os custos. Mas estamos tentando estreitar os laços com nossos clientes. A maioria dos bancos olha todas as linhas de produtos e tenta esmiuçá-los: "Será que podemos economizar aqui, cobrar mais ali?" Grandes varejistas não agem dessa maneira. Eles perguntam: 'Como podemos tornar isso mais fácil, mais simples e mais divertido?' Avaliam a experiência por inteiro. É isso o que nós fazemos."

Criar uma experiência memorável nem sempre significa desafiar a sabedoria popular. Às vezes significa apenas usar o bom senso. Outra inovação popular é a máquina de cartão instantâneo em cada loja do Commerce. Os clientes que solicitam ou perdem um cartão de caixa eletrônico ou de débito não precisam mais ir ao banco, preencher um formulário e esperar um envelope sem identificação chegar junto com a sua correspondência. Em vez disso, saem da loja com um cartão pronto e o habilitam na hora. "Por que esperar uma semana para substituir um cartão?", pergunta Vernon. "Isso é absurdo. O nosso negócio é a conveniência. O que significa melhorar a experiência."

No fim das contas, porém, o que distingue o banco de Hill dos seus concorrentes, o que cria as experiências memoráveis que definiram seu vínculo com os clientes, é o simples ato de entrar em uma de suas lojas. A festa no Radio City foi apenas uma amostra de como é a vida no Commerce. Trata-se de um banco que utiliza mascotes engraçados para entreter seus clientes e funcionários, organiza feiras de rua para comemorar a inauguração de novas lojas e oferece incontáveis (normalmente melodramáticos) exemplos do que Vernon Hill chama de "varejo-diversão".

Para um incauto entrando no Commerce Bank pela primeira vez, a empresa pode parecer surpreendente, estimulante – e cansativa. As cores. Os sorrisos. O senso de humor que impregna o lugar. *Como essas pessoas podem ser tão alegres o tempo todo?* Na verdade, como todo o resto na empresa, a cultura de uma loja descontraída, divertida, despudoradamente alegre é resultado de anos de experiência, atenção feroz aos detalhes e uma determinação absoluta de se destacar da multidão.

Dennis DiFlorio, subordinado direto de Hill, é responsável por todas as operações de varejo da empresa e um entusiasta quando o assunto é seus funcionários. Ele quase se levanta da cadeira ao explicar por que o modelo de negócios do banco não funciona sem sua cultura do ambiente de trabalho: "A nossa arma secreta, o que vai ser sempre o nosso diferencial, são a nossa equipe e a nossa cultura."

À medida que o Commerce Bank cresce a passos largos, o desafio é manter essa cultura intacta. É por isso que todos os funcionários do Commerce carregam consigo um "cartão de compromisso" que lista os cinco princípios da empresa para um atendimento impecável. "O que move esta empresa são os cumprimentos, as coisas malucas que fazemos para motivar o trabalho, para que os funcionários se sintam bem", diz DiFlorio. Parte do serviço de cada gerente ou diretor é reconhecer as pessoas que fazem as coisas certas."

Tim Killion, outro executivo do Commerce, vai além: "Esta empresa cria uma base para que todos possamos nos divertir em nossos cargos. Se nos divertimos e gostamos do que fazemos, o cliente vai apreciar a experiência de fazer negócios conosco. Tenho um trabalho maravilhoso e não o trocaria por nada neste mundo."

E qual é, exatamente, o trabalho dele? "Manter 13 mil funcionários empolgados com o *seu* trabalho", explica Killion, que pode discorrer durante horas sobre a melhor maneira de um funcionário do Commerce *sorrir*, o modo correto de abordar um cliente e por que o banco enfatiza um padrão de vestuário em todos os seus pontos de atendimento. "Não podemos permitir funcionários de moletom e tênis. É preciso estar preparado constantemente para a 'hora do espetáculo'."

Killion comanda 150 funcionários voluntários na organização de comemorações, concursos e tudo o que possa contribuir para a cultura e o espírito do Commerce. "As pessoas aparecem e mostram que querem se divertir", diz Killion. "Algumas compõem e cantam uma canção. Outras apresentam uma coreografia ou um esquete de humor de cinco minutos. É incrível o que as pessoas bolam, sempre com o mesmo pensamento em mente: 'Ei, eu quero me divertir no trabalho, posso participar?'"

"NOSSO CLIENTE É A NOSSA CATEGORIA" – COMO VENDER UM SENSO DE IDENTIDADE

Por mais divertido que seja experimentar o maravilhoso mundo do Commerce Bank, é fácil interpretar mal as suas lições. Tornar a sua empresa memorável não significa necessariamente transformá-la numa companhia de teatro, e seus funcionários em atores. O desafio não está em ser capaz de fazer uma *performance*, e sim em conseguir criar um *vínculo*, oferecer algo tão diferente que as pessoas não consigam deixar de notar, até mesmo num mercado lotado de preços baixos e grandes promessas.

Numa era de capacidade excedente e ofertas em excesso, clientes sobrecarregados estão ávidos por se identificar com empresas que possuam uma identidade atraente.

A Anthropologie, a vibrante e crescente cadeia de roupas femininas e decoração com matriz na Filadélfia, destaca-se como uma alternativa atraente diante da uniformidade do estilo que caracteriza uma boa parte do mercado varejista do setor. Nos últimos 10 anos, a loja criou uma ligação com seus clientes tão forte quanto a que Vernon Hill e seus colegas construíram no Commerce Bank. Mas em praticamente todos os aspectos dos seus negócios, da base da sua estratégia até o visual e o ambiente das lojas, as duas empresas seguiram caminhos diferentes que alcançaram resultados igualmente memoráveis. O Commerce desconstruiu a imagem do banco, criando uma experiência singular para uma vasta gama de clientes. A Anthropologie conseguiu um lugar ao sol num mercado saturado ao oferecer uma vasta gama de produtos a uma clientela singular – à qual a empresa se dedica com obstinada intensidade.

O presidente da Anthropologie, Glen Senk, chama a estratégia de "domínio dos clientes" – e ela já alcançou resultados impressionantes tanto nas lojas da empresa quanto em Wall Street. "A maioria dos varejistas ou atende uma ampla base de clientes ou se especializa em uma categoria de produto", explica. "Nós nos especializamos nos clientes. O nosso foco está em sempre fazer o que é certo para um cliente específico que conhecemos muito bem. Cada produto que compramos, cada decisão imobiliária que tomamos, cada gesto é pensado do ponto de vista do cliente. O nosso cliente *é* a nossa categoria."

Basta perguntar aos funcionários da Anthropologie quem é esse cliente e eles fornecem um rápido perfil socioeconômico: uma mulher na faixa dos 30 aos 45 anos, com nível superior ou pós-graduação, casada e com filhos ou num relacionamento estável, atuante em sua profissão ou aposentada, com uma renda anual que varia de 150 mil a 200 mil dólares. Mas esses fatores frios não traduzem a essência da mulher real que Senk e seus colegas na Anthropologie chamam de "a nossa amiga". Senk prefere descrever a sua cliente em termos psicológicos: "Ela gosta de ler e é bastante viajada. Tem uma curiosidade natural sobre o mundo. Gosta de cozinhar, de cuidar do jardim e de vinhos. Tem uma boa forma física. É urbana e muito antenada, saca as nossas referências, sejam de uma cidade na Europa, de um livro ou um filme."

Wendy Brown, diretora de lojas da Anthropologie, também é bastante enfática sobre a relação obstinada entre a empresa e a clientela: "Temos apenas uma cliente e sabemos *exatamente* quem ela é", diz Brown. "Não sentamos a uma mesa e perguntamos ao colega: 'Do que você acha que ela irá gostar?' Nós estamos lá fora, no mercado. Moramos onde a nossa cliente mora."

Isso faz sentido, porque a maioria das clientes da Anthropologie parece morar dentro das lojas. Elas a visitam com mais freqüência, fazem visitas mais demoradas e compram mais do que as clientes de praticamente qualquer outra cadeia similar. Uma visita-padrão dura uma hora e 15 minutos. Uma cliente-padrão gasta em média a considerável quantia de 80 dólares por visita (clientes que compram pelo catálogo gastam em média 161 dólares por pedido). A média de vendas diárias da empresa por metro quadrado supera 800 dólares e está entre as mais altas do setor.

O montante dessas vendas revela um dos melhores desempenhos da categoria de varejistas dos Estados Unidos. Glen Senk entrou na empresa em 1994, quando ainda era apenas uma loja com um faturamento anual de 2 milhões de dólares. Em 2005, a Anthropologie já contava com 77 lojas e vendas estimadas em 500 milhões de dólares. Enquanto isso, as ações de uma empresa com um perfil parecido, a Urban Outfitters, se tornaram tão populares quanto as roupas e mobílias da Anthropologie. De setembro de 2002 a setembro de 2005, as ações da Urban passaram de 4,50 dólares para mais de 27,50 dólares, dando à empresa um valor de mercado de mais de 4 bilhões de dólares.

Por que tantas mulheres estão dispostas a gastar tempo (e dinheiro) na Anthropologie? Porque Senk e sua equipe não estão vendendo apenas roupas e mobílias. Estão vendendo um sentido de *identidade*. Essa é uma empresa que foi projetada desde o começo com um foco na identidade e na emoção, não em preço e unidades em estoque. "Visitar uma das nossas lojas não significa apenas comprar algo", afirma Senk. "Significa fazer contato com as pessoas, se divertir. Os clientes nos procuram para aprender, não apenas para comprar."

Richard Hayne, co-fundador e diretor executivo da Urban Outfitters, demonstrou a sua capacidade de captar o estilo de vida de uma clientela específica há mais de 30 anos. Ele decifrou os hábitos de compras e o uso de mobília dos universitários da classe média alta. Hoje em dia, a Urban Outfitters é um empório para os "sem-teto de luxo" – homens e mulheres de 18 a 30 anos cujo comportamento de compra ainda é ditado pela vida social.

Mais de 20 anos após a abertura de sua primeira loja, Hayne contratou o arquiteto Ron Pompei, que fora o responsável pela direção criativa de praticamente todas as lojas da Urban e da Anthropologie, para ajudá-lo a idealizar um local acolhedor para a geração pós-Urban. A formação de Hayne como antropólogo deu o tom ao processo. Os dois passaram quase dois anos numa "odisséia cultural" – viajando, lendo, visitando museus e exposições, freqüentando eventos culturais e explorando mercados ao ar livre. O que surgiu durante esse mapeamento antropológico amador, diz Pompei, "foi um retorno a uma sensibilidade mais terrestre. Vimos coisas táteis e viscerais. Coisas que mexiam com o corpo todo. A textura era muito importante. E a história sendo contada era fundamental."

Essas descobertas foram traduzidas em um conceito de varejo ligado tanto ao comportamento humano quanto ao comportamento de compra. Pompei oferece a seguinte explicação: "O modo como as pessoas se avaliam e avaliam os outros se resume a três coisas: o que elas possuem, o que fazem ou quem elas são. A cultura de massa foca no que alguém possui. De uns tempos para cá, o que uma pessoa faz tornou-se mais importante. Queríamos responder à mudança em direção ao que a pessoa é." "Além disso", diz, "queríamos criar uma experiência que oferecesse a possibilidade de mudança e transformação. As pessoas começariam a ligar os pontos, cada uma ao seu modo, e cada uma contaria a sua história como quisesse."

O desafio diário nas lojas, acrescenta a diretora de criação Kristin Norris, responsável por todos os aspectos do visual e do ambiente, "é chamar a atenção da cliente para que explore cada cantinho e deixe a sua imaginação correr solta. Misturamos as peças de um jeito que possa dar idéias à nossa cliente. Sempre tentamos encontrar um equilíbrio entre tornar as lojas funcionais e fazer com que sejam cada vez mais interessantes."

Interessantes é um eufemismo. Basta cruzar as portas de madeira maciça da loja da Anthropologie na West Broadway, em Nova York, que os melhores planos de visita rápida desaparecem na hora. É impossível não parar para admirar o ambiente. Logo na sua frente, um guarda-sol antigo está apoiado sobre uma mesa de jardim de ferro fundido, coberta por fantásticos castiçais floridos, jarros de cerâmica e belos livros de jardinagem. Virando à direita, você tem a impressão de ter entrado no estúdio de um artista. Vasos se equilibram numa frágil escada em caracol que sobe até o teto, uma natureza morta incompleta repousa em um cavalete e um armário abriga velas perfumadas, vasos de cristal e almofadas de veludo.

Uma parte do ambiente lembra a cozinha de uma vila na Toscana. Um amontoado de panos de prato bordados, xícaras com cores vivas, pratos decorados como que em batique (um toque oriental) estão empilhados num armário rústico. Não muito longe, dois balaústres franceses do século XVIII compõem uma elegante mesa de jantar – com candelabros de cristal lapidado, taças de champanhe, talheres de prata e louças com desenhos imitando bordados. Escondida no fundo do espaço irregular, uma cama aconchegante com travesseiros impecáveis fica diante de um armário pintado repleto de livros, diários em branco e uma pequena televisão que exibe o filme *A princesa e o plebeu.*

Mais adiante, passa-se por pequenas coleções de roupas dispostas em engenhosos suportes. Vestidos tomara-que-caia de verão e blusas com ilhós estão sobre uma mesa ao lado de óculos de sol da década de 1950, chapéus de palha de abas largas e uma pilha de livros de etiqueta. Calças com detalhes peculiares, jaquetas curtas e túnicas étnicas dividem espaço em cabides de madeira e metal feitos à mão; calças esporte e camisetas estão empilhadas em mesas de mármore com molduras de aço. A mistura eclética de peças inspiradas nos grandes desfiles, peças básicas arrumadinhas e alternativas mais exóticas é exatamente o que se imagina que um aventureiro itinerante fosse apreciar, caso estivesse de mudança para a cidade.

A variedade de mercadorias é impressionante. O que torna a Anthropologie ainda mais fascinante é o fato de cada uma de suas lojas ser projetada para combinar com os clientes e o ambiente local. "A nossa filosofia é fazer com que cada loja pareça única", diz Norris. Cada loja tem a sua própria equipe de artistas e artesãos que a decoram a seu próprio modo.

O resultado final é que a Anthropologie mantém um apelo de butique, mesmo inaugurando quase 20 lojas por ano. Na verdade, diz Senk, "jamais nos denominamos uma cadeia. Muitas clientes acham que temos apenas algumas poucas lojas, e é exatamente assim que queremos que seja. As pessoas fazem compras conosco porque somos especiais."

Ser "especial" não significa apenas ser diferente ou surpreendente. Também implica reavaliar algumas das convenções mais tradicionais do varejo. Por exemplo, a empresa não faz propaganda – nunca. Então, como é que as notícias se espalham? Além do boca-a-boca, o próspero sistema de catálogos da Anthropologie

(19 milhões distribuídos em 2004) é uma ferramenta poderosa para divulgar a loja e aumentar as vendas. A Anthropologie também é adorada pelas publicações de moda e pelos departamentos de figurinos de Hollywood, sem falar nas estrelas que compram na loja, como Madonna, Sharon Stone, Susan Sarandon e Julia Roberts.

Enquanto a maioria dos varejistas investe dinheiro e criatividade em campanhas publicitárias caras, chamativas e enfeitadas por celebridades, a Anthropologie aplica seus recursos criativos na concepção de uma experiência de compra vibrante. “Uma das nossas principais filosofias”, explica Senk, “é que gastamos o dinheiro que as outras empresas gastam com propaganda para criar uma experiência de compra que supere as expectativas das pessoas. Não gastamos dinheiro com mensagens – investimos na execução.”

O que a empresa não usa para fortalecer a sua ligação com os clientes são as intermináveis pesquisas de mercado, como enquetes e grupos de discussão. Quando o assunto é a análise das operações, Senk e seus colegas são fanáticos por números e cálculos. (“Posso lhe dizer como andam as vendas tendo por base decotes, cores, tendências, preços, tecidos – qualquer coisa, a qualquer momento”, afirma ele. “Meu negócio se baseia em investir no que vende e parar de investir no que não está vendendo.”) Mas, quando se trata de compreender os clientes, eles substituem ciência por arte, preferindo passar horas em visitas pessoais em vez de perder dias debruçados sobre suas mesas avaliando planilhas eletrônicas.

O próprio Senk passa pelo menos quatro horas por semana nas lojas, assim como seus executivos principais (a cada seis semanas ele faz uma “sondagem nos shoppings” para avaliar a concorrência, assim como as suas próprias lojas). Durante as visitas de Senk às lojas, é comum vê-lo do lado de fora das cabines, ajudando as clientes a escolher a roupa mais adequada.

"Você tem que mergulhar de cabeça, seja qual for o seu posto na empresa, e realmente criar vínculos. O dia em que você encontra a calça perfeita para uma mulher, garante uma cliente para o resto da vida", diz ele, sorrindo.

Se isso soa mais como uma atitude de amigos do que uma transação comercial fria e calculista – bem, é exatamente isso o que a Anthropologie pretende. Glen Senk é inflexível: "Nossas clientes são nossas amigas", insiste, "e nossa principal preocupação é a de *jamais* vender qualquer coisa só por vender. Estamos interessados em ajudar as pessoas a montar um guarda-roupa, ou a criar uma casa eclética. Trata-se de ajudar uma pessoa a ficar bonita e se sentir bem consigo mesma. Não tem nada a ver com uma venda rápida."

Para ilustrar, ele conta o caso de uma funcionária excepcional que infalivelmente vendia o equivalente a 6 mil ou 7 mil dólares a cada três horas. "Todas as vezes que essa mulher trabalhava, a loja dela tinha um faturamento incrível", diz ele. "Um dia fui vê-la de perto e reparei que ela não estava realmente preocupada com o que vendia, desde que concluísse a venda. Ela deixava clientes saírem do provador com coisas que obviamente não lhes caíam bem." E isso lá são modos de se tratar uma amiga? A moça foi demitida na hora.

Essa é uma lição memorável sobre como as empresas que estão ávidas por forjar um sólido contrato psicológico tratam até mesmo os seus clientes mais ansiosos. Se você está determinado a encorajar sua clientela a abraçar os seus valores, então precisa valorizá-los mais do que valoriza a venda em si. É uma maneira dura de fazer negócios, mas que deixa uma impressão mais duradoura – e cria um relacionamento ainda mais permanente.

Capítulo 8

Pequenos gestos, grandes mensagens: estratégias inovadoras para se destacar na multidão

Uma loja de sanduíches que tem o seu próprio diretor de arte, uma equipe de artesãos para fazer mesas e bancadas e um cardápio "secreto", conhecido por poucos, que faz com que os clientes fiéis se sintam como se fossem parte de um clube. Um banco de varejo com funcionários que são tão extrovertidos que chegam a montar espetáculos musicais. Uma loja de roupas que se vale da visão, da audição e até mesmo do olfato para criar uma experiência sensorial que encanta os clientes e estimula a sua imaginação. Até agora, a nossa busca por empresas que encontraram novas maneiras de se conectar com seus clientes – e de ter sucesso, nesta era de ofertas excessivas – nos levou a verdadeiros radicais, a organizações que operam, nas palavras de Dennis DiFlorio, do Commerce Bank, "à beira da loucura" nos seus respectivos setores.

Mas não é preciso exagerar para se destacar na multidão. Para se conectar com os clientes é necessário ter conteúdo, não estilo – é essencial criar uma forma mais impactante de fazer negócios, seja qual for o setor. Num ambiente competitivo em que há escolhas demais, e escolhas cada vez mais parecidas, é importante ter criatividade para marcar presença – isto é, ser diferente o bastante no mercado para que os clientes o considerem inesquecível.

Ao contrário dos espetaculares funcionários do Commerce Bank, os empregados durões da DPR Construction não cantam nem dançam – tampouco se vestem com roupas extravagantes às sextas-feiras. Mas o modo como eles tratam os clientes também é diferenciado, com tamanha atenção aos detalhes que trabalhar com os operários da construção civil dessa empresa é uma experiência tão especial quanto trabalhar com os engraçados caixas do Commerce. O modo como os funcionários da DPR executam seu trabalho deixa uma forte impressão nas empresas para as quais a DPR presta serviços.

A DPR usa uma estratégia verdadeiramente original no setor da construção. Seu modelo de negócios se orienta pelo compromisso em reconstruir, com originalidade, um setor da economia que tem falhas muito sérias. Quase todos os projetos na DPR começam com um ritual bastante peculiar – a criação de uma declaração de missão do projeto. A empresa reúne os supervisores, os principais membros da sua equipe, representantes do cliente, o arquiteto, os engenheiros, subempreiteiros, fornecedores – ou seja, todos os que têm uma função no projeto. O grupo convive por alguns dias, se conhecendo melhor, trabalhando com um facilitador e elaborando uma definição de propósito, um cronograma bem claro e um minucioso método para avaliar o sucesso.

Para a maioria dos participantes que não são da DPR, trata-se de uma forma estranha de trabalhar: por que estamos aqui conversando quando deveríamos estar misturando cimento? Mas é assim que a DPR funciona – e esse é um dos motivos pelos quais seus projetos tendem a ser tão bem-sucedidos.

A DPR constrói instalações caras, complicadas e de alto risco. Em 2005, a empresa concluiu as obras de um complexo industrial em Oceanside, Califórnia, para a Biogen Idec, um gigante farmacêutico. Foi uma empreitada grandiosa, com milhares de trabalhadores, um custo de construção de 340 milhões de dólares e custos totais (terreno, equipamento, etc.) de mais de 1 bilhão de dólares. Mas, antes que a DPR começasse a construir o complexo de seis prédios que demorou quatro anos para ficar pronto, ela trabalhou com uma equipe de representantes da Biogen para criar um certo companheirismo, necessário para elaborar – adivinhe o quê? – a declaração de missão do projeto.

"Fizemos sessões para promover o trabalho em equipe, sessões de treinamento, de avaliação de desempenho e indicadores", diz Peter Salvati, um alto executivo da DPR com escritório em San Diego. "Íamos trabalhar com aquelas pessoas durante mais de três anos. Concentramos a atenção na jornada que faríamos juntos: como iríamos nos relacionar? Ter bons resultados é fácil, mas será que podemos dizer que o projeto de fato foi bem-sucedido se as pessoas não estiverem mais se falando no final do processo, se não forem capazes de criar relacionamentos duradouros?"

Além dos cronogramas e dos detalhes técnicos, a declaração de missão encoraja os membros da equipe a demonstrar "dedicação e compromisso todos os dias" e a empreender uma "busca enérgica e incansável pelo sucesso do projeto". É também um lembrete para que "membros da equipe não permitam que os outros fracassem" – e de que devem "relaxar e recarregar as energias, para que não se sintam esgotados".

Essa dificilmente é a linguagem que encontramos na maioria dos canteiros de obras. Mas é exatamente o tipo de linguagem que faz com que a DPR seja uma empresa tão diferenciada para os que trabalham com ela. "Dava para caminhar pela obra e ver qual era a declaração de missão deles", diz Salvati. "Havia cartazes explicando como a declaração de missão se relacionava com cada parte da obra, mostrando metas de prazos para conclusão e datas reais bem ao lado. Todos sabiam o que estava acontecendo."

Os projetos da DPR terminam de maneira tão memorável quanto começam – com um ritual de fechamento que deixa uma impressão duradoura. A DPR conduz entrevistas detalhadas, ao vivo, antes, durante e, sobretudo, depois de cada projeto. As entrevistas avaliam o seu desempenho de acordo com uma lista de "fatores críticos de sucesso" – de estimativas de custo até à escalação da equipe e a segurança. A DPR não está interessada em avaliar o seu desempenho em relação às normas do setor, nem se corresponde ao esperado pelos clientes. Quer saber se o seu desempenho está à altura do melhor desempenho que o cliente já experimentou em sua vida, o que chama de "melhor que o melhor da categoria".

Durante essas demoradas sessões, os entrevistadores encorajam os clientes a identificar a sua melhor experiência com uma empresa de construção e a dar uma nota para a DPR, comparando-a com o padrão. A DPR realizou milhares de entrevistas ao longo dos anos e arquiva os resultados por projeto, por escritório e por categoria técnica. Sua pontuação total em 2004 indicava que os clientes consideravam a empresa 15% melhor que a melhor empresa com a qual já haviam trabalhado. Essa é uma maneira eficaz de continuar se aperfeiçoando sempre – e criando interações memoráveis.

A DPR é um pequeno exemplo de uma imensa oportunidade. Há várias formas de desafiar as expectativas do mercado, de fazer coisas pequenas que acabam produzindo uma grande impressão. Pense nos serviços de atendimento ao cliente. Como é que tantas empresas, desesperadas para manter a lealdade dos seus clientes diante de opções que não param de aumentar, acham que faz sentido terceirizar, automatizar ou simplesmente abandonar qualquer ligação direta com esses clientes? Sobretudo quando se leva em consideração a alternativa, ou seja, investir para criar essas ligações e fortalecer os vínculos que mantêm uma empresa unida aos seus clientes.

A Vermont Teddy Bear, que era uma empresa "fofinha" que vendia ursinhos, passou por uma virada impressionante sob o comando da diretora-executiva Elisabeth Robert, que demonstra o poder de estratégias alternativas para estabelecer um vínculo genuíno com os clientes. Tudo que a empresa faz tem como objetivo fortalecer esse vínculo. Elisabeth alcança os seus clientes com anúncios ao vivo em programas de rádio e TV voltados para o público masculino – como transmissões esportivas e corridas automobilísticas. "Não estamos vendendo os nossos produtos", explica. "Estamos vendendo a nossa equipe. Temos um relacionamento ao vivo com os nossos clientes, pelo rádio e pelo telefone."

Antes de Elisabeth assumir a empresa, a Vermont Teddy Bear definia seu negócio em termos totalmente convencionais – a venda de vários modelos de ursos de pelúcia, com direito a uma loja cara em Manhattan e uma estratégia de "líder na categoria". Essa foi uma receita para o fracasso. Em 1997, com a empresa no fundo do poço, o negócio, antes bem-sucedido, chegou às raias da falência. Redefinir a estratégia significava reinventar praticamente todos os aspectos do modo como a empresa operava – e isso significava investir justamente nas áreas que a maioria das empresas deixa de lado.

Por exemplo: nada de terceirizar ou automatizar as centrais telefônicas de atendimento ao cliente. Os atendentes são a principal via de comunicação entre a empresa e os seus clientes mais ansiosos. Os conselheiros chegaram a passar 2,5 milhões de minutos ao telefone, em 2004. Eles sugeriam modelos diferentes de ursinhos, davam conselhos sobre como personalizar um ursinho e garantiam aos clientes que seus pedidos chegariam a tempo no seu destino.

Por que a Vermont Teddy Bear não adere à terceirização no exterior para cortar custos? "Trata-se de um produto com uma carga afetiva muito grande", diz Elisabeth Robert, "e nossos funcionários são famosos por não deixarem nossos clientes na mão. Eles não querem que ninguém mais tenha a responsabilidade de lidar com nossos clientes. Isso simplesmente não pega bem."

A Vermont Teddy Bear também investiu pesado para ajudar os clientes a se recuperarem quando as coisas dão errado. Por exemplo, 40% de todos os ursinhos encomendados para o Dia dos Namorados são enviados de madrugada, na véspera. Os clientes podem encomendar ursinhos até meia-noite e ter sua entrega garantida para o dia seguinte (para conseguir essa proeza, a Vermont criou um esquema de frete semelhante ao da FedEx). Além disso, os clientes podem cancelar ou alterar o pedido mesmo depois de o ursinho já estar a caminho da entrega. "Vocês não fazem idéia da importância de poder cancelar um pedido", explica Elisabeth. "O sujeito liga em pânico e explica que não pode dizer 'Eu te amo'. Tem que dizer 'Eu gosto muito de você.'"

As entregas para esses clientes de última hora trouxeram um bom retorno para a Vermont Teddy Bear. As vendas anuais, que chegaram a 17 milhões de dólares antes de Elisabeth assumir seu posto, ultrapassam agora 66 milhões, e a empresa hoje é solidamente rentável. Tornou-se também uma atração em seu estado natal. Sua sede é um dos pontos turísticos mais populares de Vermont e já recebeu quase 1 milhão de visitantes desde que abriu as portas à visitação pública. É isso que pode acontecer quando você pára de cortar os custos e começa a fortalecer seu vínculo com os clientes.

PROJETANDO EMOÇÕES – A DISTÂNCIA ENTRE EMPURRAR PRODUTOS E CONTAR HISTÓRIAS

É cada vez maior o número de empresas que entendem como é difícil a concorrência em relação aos fatores "quantitativos" dos negócios: preço, qualidade e atributos. É por isso que tantas empresas estão indo além e investindo pesado nos fatores "abstratos" – criando produtos agradáveis aos olhos, ou fazendo campanhas publicitárias que falam ao coração e não à razão, cercando seus produtos de símbolos que não apenas transmitem confiança como também mobilizam os sentidos. Para tornar as ofertas mais especiais, as empresas tentam fazê-las mais emocionais. Estão, literalmente, em busca de amor.

Esqueça as marcas registradas. Na linguagem sincera de Kevin Roberts, o famoso diretor-executivo da Saatchi & Saatchi, o objetivo são as *lovemarks* ("marcas de paixão") – marcas que se tornam uma "obsessão de beleza", que inspiram "fidelidade além da razão" e criam "um caso de amor duradouro" com seus clientes, invocando elementos de "mistério, sensualidade e intimidade". "Amar", argumenta Roberts, "é bem mais que gostar muito. Não estamos falando de mera afeição. O amor tem a ver com um sentido profundo de apego."

A Cranium especializou-se em criar vínculos do tipo que Kevin Roberts tanto adora. Ela não é uma empresa com clientes satisfeitos: é uma empresa com clientes apaixonados, ávidos por compartilhar o seu entusiasmo. Um grupo de farristas endinheirados comemorou a virada do século no Ano Novo com uma viagem para a Antártida – e levou um jogo Cranium ("Temos fotos de nosso jogo no Pólo Sul", diz exultante o co-fundador da empresa, Whit Alexander). Noivos já se casaram em festas temáticas inspiradas no Cranium. Um "craníaco" pediu a namorada em casamento durante uma partida, usando cartas de Cranium feitas exclusivamente para a ocasião (ele mandou um e-mail para a sede da empresa explicando o que queria fazer e a Cranium concordou em ajudá-lo). "Ele se ajoelhou", diz Alexander, sorrindo, "e lhe entregou uma carta da Cranium com a seguinte pergunta: 'Quer casar comigo?' Ela disse sim."

Por que tantos clientes criam uma relação tão emocional com os jogos da empresa? Em grande parte, porque a empresa projeta seus jogos para provocar exatamente esse tipo de reação. O design dos produtos na Cranium começa com o que os fundadores chamam de "engenharia de momento". Em vez de criar jogos baseados em gêneros conhecidos (de estratégia, como War ou Espião, ou de palavras, como Palavras Cruzadas ou Boggle), os designers criam jogos sobre situações específicas, com emoções identificáveis – situações e emoções que podem fazer com que os jogadores estabeleçam associações pessoais. "Avaliamos um momento humano freqüente e nos perguntamos: como a Cranium pode marcar esse momento de maneira original?", explica o co-fundador Richard Tait. "Qual é a abordagem luminosa e iluminadora para esse momento específico?"

Momentos diferentes permitem que os jogos explorem emoções e experiências diferentes. Cariboo (palavra que significa "bem-vindo" em suaíli) foi o primeiro jogo pré-escolar da Cranium. Foi criado para o que Tait chama de "momento de dia chuvoso" – quando a mãe se senta tranqüilamente ao lado da criança e os dois brincam com um jogo divertido e rápido. "Queríamos criar uma experiência de 15 minutos", diz Tait, "algo de que a mãe e a criança gostassem". Hullabaloo captura a energia eletrizante que corre solta quando crianças do primário se juntam – o que Tait chama de "momento dos amiguinhos". O jogo é ativo, envolve o corpo e é altamente energético – as crianças pulam, giram, tocam as mãos e dançam. Conga, um jogo criado para toda a família, foi feito para o que Tait chama de "momento-de-desligar-a-tevê" – aqueles momentos na vida corrida, estressada e superocupada das famílias em que todos concordam que está na hora de fazer algo juntos. Os jogadores recorrem a mímicas, esculturas e jogos de palavras para adivinhar o que os outros estão pensando e para reforçar os vínculos de família.

Não se deixe enganar por essas descrições calorosas e bonitinhas. Há toda uma estruturação por trás da engenharia de cada momento – uma metodologia de 40 passos que os criadores usam para rascunhar, fazer protótipos, construir, lançar e revisar um novo jogo. Até mesmo os elementos mais técnicos do desenvolvimento do jogo – atividades, cores, duração – são criados tendo-se em mente os vínculos emocionais. Elementos básicos geram calor humano e um senso de "personalização para os jogadores". O resultado de tanto cuidado com o design voltado para emoções tem sido uma série de jogos que criaram vínculos inegáveis com seu público-alvo – e que trouxeram uma seqüência inédita de sucessos.

David Rockwell, influente arquiteto e designer, jamais criou um jogo de tabuleiro. Mas ele e seus colegas desenvolveram um dom para projetar espaços públicos que tocam o coração dos seus visitantes – espaços cujo design se baseia tanto em princípios emocionais quanto funcionais. O seu modelo para a criação de edifícios memoráveis é compatível com o modelo da Cranium para a criação de seus jogos. Rockwell cria monumentos equivalentes às *lovemarks* em arquitetura – construções cujas características básicas atraiam as pessoas e ofereçam algo mais do que simplesmente um lugar aonde ir.

Desde a sua fundação, em 1984, o Grupo Rockwell já completou mais de 200 projetos, incluindo alguns dos restaurantes mais badalados do mundo e os hotéis mais modernos de Nova York, além de centros de entretenimento, como cassinos e teatros. Rockwell e seus colegas projetaram estádios, bibliotecas, sedes empresariais, museus – até mesmo cenários para o musical da Broadway *Hairspray* e para o filme *Team America*.

Mais impressionante do que a variedade de seus trabalhos, no entanto, é o charme visual e a atenção aos detalhes que sua firma imprime a cada projeto. A extravagante técnica cênica e a mistura caótica de materiais que caracterizam boa parte da obra de Rockwell levaram alguns críticos mais puristas a tachá-la de "arquitetura do entretenimento". Mas aqueles que criticam Rockwell não percebem que o seu talento singular não é o de se expressar de forma ousada com um estilo impetuoso, mas sim o de criar vínculos duradouros usando uma história cativante – uma filosofia de design que não tem nada de superficial.

Essa filosofia pode explicar por que tantos restaurantes de Rockwell (50 nas duas últimas décadas) não só se tornaram lugares badalados como tendem a se manter assim, num setor reconhecidamente instável. Nobu, o restaurante japonês de três estrelas criado pelo chef Nobuyuki Matsuhisa e projetado por Rockwell há 20 anos, foi exportado para Londres, Milão e Las Vegas e amplamente imitado pelo mundo afora. Limusines e carros chiques ainda lotam o original em Tribeca, em Nova York, e continua sendo praticamente impossível fazer uma reserva, a menos que você seja uma pessoa muito importante.

O trabalho de Rockwell começa com um mergulho profundo no que ele chama de "narrativa secreta" por trás da construção. Uma equipe passa longos períodos com visitantes em potencial, possíveis clientes e outras pessoas envolvidas, e define um conjunto de temas que conectam a história do espaço com a vida dos seus usuários. A narrativa secreta que é então criada serve de guia para todas as decisões de design subseqüentes. "Para nós, um projeto começa quando reimaginamos tudo a respeito de um espaço", diz Rockwell. "Os melhores projetos começam com idéias puras, não com idéias preconcebidas sobre design."

As idéias por trás de dois espaços absolutamente diferentes – um dedicado ao serviço público, o outro explicitamente comercial – mostram como a narrativa secreta de Rockwell cria conexões marcantes para as pessoas que visitam suas construções. O Children's Hospital de Montefiore (CHAM) atende o sudeste de Westchester e o Bronx, locais em que vivem algumas das crianças mais desamparadas dos Estados Unidos, em termos médicos. O patrocinador do CHAM, o pediatra batalhador Irwin Redlener, definiu uma missão singular para a organização, dividida em três partes. Primeiro, criar não apenas um hospital, mas sim um sistema de saúde infantil abrangente para o Bronx. Segundo, acabar com todas as barreiras financeiras entre as crianças doentes e o tratamento de primeira classe. E, por último, incorporar "um programa que fosse além do processo de cura – que fosse até mesmo capaz de mudar a vida desses pacientes".

"Queríamos reformular a noção do que poderia ser feito com um hospital pediátrico", explica Redlener. "Nossa missão era fornecer um serviço de saúde excelente, em um ambiente que despertasse a imaginação das crianças. Os hospitais em geral querem curar. Este quer mudar a vida das pessoas." O que ele desejava, especificamente, era despertar a imaginação infantil, ao apresentar a visão de mundo de Carl Sagan, um amigo de longa data de Redlener, para as crianças doentes – uma visão de mundo que falava sobre a conexão que existe entre todos os elementos do Universo e a alegria que é aprender. (Quem disse que os hospitais devem ser apenas locais para radiografias, cirurgias e quimioterapia?)

Rockwell e seus colegas entraram a fundo no que significava a experiência de hospitalização do ponto de vista das crianças, dos pais, médicos e enfermeiras. "Você recebe essas crianças numa época assustadora de suas vidas", diz Rockwell. "Hospitais como um todo não são nada transparentes. Pesquisamos profundamente o mundo das idéias e criamos o tema central das crianças como exploradores numa jornada a caminho da saúde. Substituímos o medo pela curiosidade. Identificamos os momentos que são apavorantes, desumanos e nos quais a criança se sente desinformada, e os usamos como intervenções para fornecer uma luz, uma pista, uma noção de mistério e fascínio. Criamos uma história tão forte que as pessoas podiam fazer parte dela."

Essa história permeia todo o design do hospital. Cada um dos sete andares para pacientes do CHAM possui um tema com cores diferentes. Ao sair do elevador no terceiro andar, onde fica o ambulatório, a pessoa pode conferir a idéia de Sagan de que "somos todos matéria estelar", conectados pela nossa origem comum desde o Big Bang, transformada num mural de vidro colorido, seres do mar, flocos de neve e estrelas. No quinto andar, dedicado às doenças da percepção (distúrbios da fala e da visão), a pessoa se vê dentro de um parque interativo, no qual pode explorar os sentidos não-visuais.

Os quartos dos pacientes não são numerados; exibem constelações, animais ou criaturas marinhas, dependendo do tema do andar. Um adolescente pode ficar no quarto da Ursa Maior, ao passo que uma criança pode ficar no da Abelha. Dentro de cada quarto, as persianas são pinturas murais personalizadas, representando o Bronx em diferentes épocas. Espalhados pelos andares dos pacientes estão dezenas de nichos envidraçados, exibindo obras de arte de crianças da cidade. As mostras das crianças encorajam os pacientes mirins a criar seus próprios desenhos, colagens e esculturas nos saguões muito bem equipados em cada andar.

Rockwell e seus colegas compreenderam que 70% das crianças no hospital vivenciam tudo isso apenas das suas camas. Pensando nisso, criaram revestimentos acústicos no teto com mensagens esperançosas e divertidas. Recriaram o mecanismo e ajustaram o som da cortina que fica em volta das camas nas enfermarias, para dar privacidade aos pacientes. A atenção aos detalhes é realmente impressionante – e o impacto emocional, realmente memorável.

Obviamente, Rockwell e seus colegas também estão no ramo para atender empresas com fins lucrativos, e não é de admirar que as idéias mais marcantes da firma estejam a serviço de suas iniciativas mais descaradamente comerciais. O cassino Mohegan Sun, em Uncasville, Connecticut, fica a duas horas de viagem – e num mundo totalmente diferente – do Children's Hospital e figura como um dos projetos mais impressionantes de Rockwell. É um monumental sucesso comercial – o segundo maior cassino do mundo, com faturamento anual de mais de 1,25 bilhão de dólares. É também um monumento ao poder do design.

A história do cassino é antiga, vem da tribo Mohegan, de Connecticut. Uma "trilha viva" – retratando a migração dos Mohegan para o sul, a caminho da região de Connecticut, séculos atrás – serviu como principal elemento de orientação. Lobos brancos uivando, feitos em tamanho natural, montam guarda em formações rochosas e indicam a entrada para a sala de espetáculos. Num anexo que inclui um segundo cassino, um centro de convenções e um complexo de lojas, Rockwell incorporou a mitologia Mohegan de cristais de cura, construindo na área interna uma montanha feita com 12 mil placas de ônix e aço que emite uma luz alaranjada – e abriga um salão para apostadores dispostos a gastar muito dinheiro, um restaurante e uma boate em uma série de cômodos no formato de cavernas.

O nível de detalhes no Mohegan Sun é incrível, quase inconcebível. Existem paredes revestidas de bétula, penas de peru em redomas de vidro, ladrilhos de palha de milho e um teto em abóbada, com 30 milhões de contas presas à mão. Rockwell não espera que os hóspedes do hotel ou os apostadores percebam as artes e a cultura dos Mohegans em toda a sua riqueza, mas sim que o local tenha uma aparência bastante especial. "Nosso objetivo não era criar um ambiente que pudesse ser imediatamente compreendido pelas pessoas", ele diz. "Queríamos criar um imenso espaço público que desmentisse a idéia de que espaços públicos e grandes são todos parecidos e industrializados. As pessoas não compreendem necessariamente por que é assim, mas sentem algo no ar, algo especial."

PAIXÕES COMPARTILHADAS – O PODER DO SOCIAL

Com todas as suas inovações, os projetistas dos jogos da Cranium e os colegas de David Rockwell estão desenvolvendo produtos, serviços e até mesmo espaços físicos que não apenas desafiam a razão, mas estimulam a emoção. O passo seguinte para tornar os produtos mais emocionais é transformá-los em algo social – criar um senso de propriedade e co-participação entre os próprios consumidores. Quanto mais pessoas você convida a moldar a personalidade da sua empresa, maior a probabilidade de que elas compartilhem idéias, e maior o interesse na atividade desenvolvida pela sua empresa – e no seu sucesso. No novo mundo da competição, gerar amor significa desencadear participação.

Peter van Stolk lembra exatamente onde estava quando compreendeu a paixão que sua empresa, a Jones Soda, exercia nos seus clientes mais fiéis. Estava num restaurante Taco Bell, no Arizona, pedindo um burrito. A atendente notou que van Stolk estava usando um pequeno alfinete da Jones Soda em forma de chapinha de garrafa. "Ela olhou para mim e perguntou *qual era* a do alfinete", lembra ele, rindo. Van Stolk explicou discretamente que ele era o fundador e diretor executivo da empresa – e aí a mulher o agarrou pelos ombros e quase o derrubou no chão. "Fiquei apavorado!", ele conta. "Ela se jogou em cima de mim, empolgadíssima, fazendo um escândalo. E de repente desapareceu pela porta no fundo da loja."

Logo depois, a funcionária aparentemente insana reapareceu, trazendo garrafas de Jones Soda como se fossem um valioso tesouro. O rótulo das garrafas exibia fotografias dos seus filhos. Aquela mulher, assim como centenas de milhares de consumidores da Jones Soda, tinha enviado fotos para a empresa de van Stolk na esperança de que fossem escolhidas para aparecer nos rótulos de um dos mais de 20 sabores que a Jones comercializa. As fotos dela receberam uma boa quantidade de votos dos outros consumidores e dos jurados da Jones, foram impressas nos rótulos e tinham acabado de chegar às prateleiras. "Ela havia passado a manhã inteira dirigindo pela cidade e comprando todas as garrafas com as fotos dos seus filhos", lembra-se van Stolk. "Por isso estava tão eufórica."

Não é todo dia que o diretor executivo de uma empresa é atacado (ainda que no bom sentido) por uma fã de forma tão violenta. Mas é isso que acontece quando uma empresa se esforça para transformar produtos cotidianos em emblemas de auto-expressão e interação social. Os consumidores da Jones Soda não são apenas incentivados a tomar a bebida: são convidados, de modo individual e coletivo, a definir o produto, a moldar sua identidade, a exercitar a sua voz na personalidade e na mensagem da marca para o mercado. A Jones não precisa alardear as qualidades da sua marca para os consumidores. Ela investe na energia e criatividade dos seus consumidores para agregar qualidades a sua marca. A Jones transforma o refrigerante numa plataforma de interação social.

"Abrimos esta empresa com a idéia de que o mundo não precisa de mais um refrigerante", explica van Stolk, já devidamente protegido numa sala de reunião na sede da empresa, em Seattle. "Isso nos obrigou a ter uma visão diferente das coisas: como poderíamos criar um vínculo com os clientes, fazer com que se divertissem com a marca e se apropriassem dela? Os profissionais de marketing têm uma certa dificuldade em deixar outras pessoas mexerem nas suas marcas. Para nós, trata-se de uma questão essencial. Essa não é a minha marca. Não é o nosso refrigerante. Ele pertence aos nossos consumidores. O princípio fundamental da nossa empresa é compartilhar essa propriedade da marca com os clientes."

Durante anos a Jones Soda atraiu muita atenção da mídia graças a seu estilo exuberante e sua atitude rebelde. A empresa, cujo público-alvo – e de difícil alcance – é a concorrida faixa dos 12 aos 24 anos, vende uma gama de sabores exóticos, incluindo o de Chiclete Azul e o de Maçã Verde. Mas a característica imbatível da Jones – o que separa a empresa de gigantes como a Coca-Cola e a Pepsi e a mantém sempre popular junto ao seu público-alvo – é a sua embalagem, sua personalidade, sua presença nas prateleiras das lojas. Os rótulos da Jones Soda são tão atraentes quanto os seus sabores são exóticos. Altamente singulares, os rótulos – verdadeiras obras de arte – são compostos quase sempre com fotos em preto-e-branco. As fotos são substituídas regularmente, e os consumidores percebem o lançamento de fotografias novas. Por quê? Porque são os consumidores que enviam as fotos.

Ao longo dos anos, a Jones já recebeu cerca de 4 milhões de fotografias dos seus consumidores. O site da empresa oferece uma seleção das imagens que foram enviadas por correio ou por e-mail para Seattle. A Jones organiza as fotos por categorias – gatos, cachorros, paisagens e assim por diante – e os visitantes podem escolher por votação, no próprio site, as fotografias que serão impressas nos rótulos. Quando uma foto é selecionada, o nome e a cidade natal da pessoa que a enviou são incluídos no rótulo. As garrafas são despachadas para os lugares mais relacionados em termos de geografia (em outras palavras, a eufórica mamãe do Arizona não encontraria seus filhos nas garrafas de Boston ou Chicago).

Essa é uma técnica realmente original (que a Jones, aliás, já patenteou). Mas é apenas uma das diversas táticas que a empresa utiliza para convidar os consumidores a colaborar e estimulá-los a moldar o conceito da marca. Os consumidores também mandam por e-mail seus ditados favoritos, frases e mensagens, que são selecionados para aparecer na internet e na parte interna das chapinhas de todas as garrafas (a "sorte dentro da chapinha" é outra marca registrada da Jones). Os consumidores que não quiserem abrir mão de ter a sua foto favorita numa garrafa da Jones podem acessar um site especial, pagar 34,95 dólares e encomendar uma caixa com 12 garrafas personalizadas, com imagens suas nos rótulos.

O que isso tem a ver com vender refrigerante? Nada – e tudo. Scott Bedbury é uma autoridade mundialmente famosa por ter criado marcas ligadas a um estilo de vida. Ele foi vice-presidente sênior de marketing da Starbucks durante o boom de crescimento da empresa, no final da década de 1990; antes disso, havia passado sete anos como diretor de marketing na Nike, onde lançou a lendária campanha "*Just Do It*". Bedbury começou a trabalhar na diretoria da Jones Soda em 2003.

Se a marca Nike tem a ver com competição e desempenho e a Starbucks representa uma "terceira casa" na vida dos americanos, o que a Jones Soda personifica? "Auto-expressão", responde Bedbury. "É isso que está acontecendo com os rótulos. As crianças estão encontrando um modo de se expressar, compartilhando com o mundo o que consideram bacana, seja uma foto delas, do seu cachorro, um pôr-do-sol ou uma nevasca. Para mim, é uma espécie de tubo de ensaio para a próxima geração de idéias sobre marketing. É um fenômeno verdadeiramente único."

O veículo seguinte para a interação foi a música. Em agosto de 2004, a empresa criou um site, Jones Independent Music, onde as bandas deixam músicas, imagens, biografias e informações para contato. Todo mês, 20 bandas ou artistas solo são escolhidos para aparecer nos rótulos da Jones Soda. Cada banda aparece em 50 mil a 150 mil garrafas, com foto, nome e endereço do site – uma exposição preciosa para músicos que estão começando suas carreiras.

Por que uma empresa de bebidas decide fornecer aos seus clientes um serviço de música? "Temos que continuar mantendo o foco no que é relevante", explica van Stolk. "E a música fornece essa energia. No nosso site, os jovens podem descobrir bandas, trocar idéias sobre o que ouviram, fazer seus próprios CDs. Não é relevante anunciar para os meus consumidores. Mas ajudá-los a divulgar músicas, isso é relevante."

Novamente, a mensagem nada tem a ver com refrigerante – tem a ver com criar um vínculo com os consumidores. "Não estamos concorrendo com outras empresas de bebida", diz Van

Stolk. "Elas acham que precisam de propaganda para criar vínculos. Estamos recrutando um contingente de pessoas que não estão só produzindo excelentes trabalhos artísticos, propagandas e novos produtos. Estão promovendo uma mudança social." Peter van Stolk não se contenta em conectar os consumidores e a marca ou os consumidores entre si; ele também quer conectá-los com o mundo de forma mais ampla. Um de seus próximos projetos: encorajar e ensinar os consumidores a promover mudanças na conservação e gerenciamento da água.

"Então, o que é a Jones?", pergunta van Stolk, retoricamente. "Somos uma empresa de refrigerantes? Uma empresa de internet? Uma empresa de rede social? Isso não importa. Somos bons em detectar o que empolga as pessoas. Nem tudo o que tentamos funciona, mas o que importa é que estamos jogando um jogo diferente daquele dos nossos concorrentes. Acredito piamente que grandes marcas criam um vínculo emocional. No nosso caso, isso é representado pela propriedade individual: minhas fotos, minhas chapinhas, minha música. Tudo aquilo que criamos serve para fortalecer esse vínculo."

A Cranium e a Jones Soda têm muito em comum. Ambas são marcas jovens e famosas em categorias saturadas, dominadas por gigantes já estabelecidas no mercado. E ambas possuem consumidores que mais parecem fanáticos, consumidores que possuem vínculos pessoais profundos com a empresa e seus produtos. Essas duas empresas inovadoras têm algo mais em comum – estratégias de venda que destacam seus valores exclusivos. Um dos motivos pelos quais os consumidores da Jones e da Cranium se interessam tanto pelas marcas é que descobriram as empresas por conta própria. Os consumidores tendem a experimentar uma sensação de propriedade pessoal pelas marcas que descobriram sozinhos.

Desde o início, os fundadores da Cranium, Richard Tait e Whit Alexander, decidiram não seguir as estratégias de marketing convencionais no seu jogo principal. As primeiras versões do Cranium não eram comercializadas nas lojas previsíveis, mas na Starbucks, na Barnes & Noble e na Amazon. O Cranium foi o primeiro jogo de tabuleiro a ser vendido nessas lojas, alternativas para a indústria dos brinquedos. O surgimento de um produto novo em lugares tão inesperados (e famosos) chamou muita atenção – e mostrou para as pessoas que estavam em busca de jogos que a Cranium estava disposta a virar o jogo. "Pensamos: vamos levar os jogos para onde estão os consumidores, e não para onde estão os jogos", lembra-se Tait. "Vendemos 1 milhão de jogos só no boca a boca. Isso é um feito inédito. Mudamos as regras."

Peter van Stolk adotou uma abordagem semelhante. A Jones Soda não gastou um centavo na publicidade tradicional, e, quando van Stolk lançou seu produto, vendeu-o exclusivamente em lugares que seus concorrentes consideram bizarros e fora do comum: estúdios de tatuagem, lojas de skate, de música e de revistas em quadrinhos. "Decidimos vender nos locais em que os nossos jovens estavam, e não onde nossos concorrentes estavam, e então deixá-los descobrir os produtos sozinhos", explica. "Queríamos colocar nosso refrigerante em lugares aonde outras empresas jamais iriam."

Essa estratégia de distribuição alternativa fez com que a Jones crescesse mais devagar no começo. Mas van Stolk estava mais interessado em demonstrar autenticidade do que em crescer rápido: ele queria "preparar o terreno" para a marca, antes de passar para a etapa seguinte. A marca Jones é comercializada até hoje nesses locais alternativos. Mas agora, após anos fortalecendo suas raízes, também pode ser encontrada nas lojas mais conhecidas dos Estados Unidos. O refrigerante tornou-se mais popular, sem deixar de lado seus fãs mais fervorosos. A melhor maneira de causar uma boa impressão (e forjar um vínculo duradouro) é vender nos lugares em que seus consumidores estão – e onde seus concorrentes não estão.

MENTES EM SINTONIA – A EMPRESA COM OS CONSUMIDORES MAIS INTELIGENTES SAI GANHANDO

Peter van Stolk construiu uma marca desafiadora em torno de um compromisso com a propriedade compartilhada – convidando os seus consumidores a moldar a personalidade e participar do desempenho dos produtos da sua empresa. Reed Hastings, fundador, presidente e diretor executivo da Netflix, a pioneira do aluguel de filmes on-line, conduziu sua empresa a um compromisso ainda mais arriscado de interação com clientes, num modelo que podemos chamar de "mentes em sintonia". Numa época de infinitas escolhas e propaganda desenfreada, as empresas acertam quando tornam seus clientes mais inteligentes. E a forma mais eficaz de deixar os clientes inteligentes é ajudando-os a educar uns aos outros. E o modo mais esperto de chamar a atenção dos clientes é expondo o caráter coletivo da sua inteligência.

Por um lado, a Netflix é um sucesso absoluto. Em apenas alguns anos, a novata desconhecida do Vale do Silício tornou-se perita em logística e uma marca que inspira verdadeira paixão. A Netflix lançou a sua assinatura mensal, o serviço de DVD por e-mail, em setembro de 1999. Quando abriu seu capital, em maio de 2002, já possuía 600 mil clientes pagantes e faturamento anual de 76 milhões de dólares. No final de 2005, tinha 3,5 milhões de clientes pagantes, praticamente 700 milhões de dólares de faturamento e um valor de mercado de quase 1,4 bilhão de dólares.

Por outro lado, as perspectivas da Netflix pareciam um filme de terror. Reed Hastings não poderia ter escolhido um setor mais traiçoeiro para abrir um negócio. Durante anos a empresa confrontou a Wal-Mart e seu esquema de aluguel de DVDs. A Amazon provavelmente vai entrar no jogo em algum momento. E a maior rival da companhia, a Blockbuster, é uma gigante com 9 mil lojas, quase 50 mil funcionários em horário integral, um faturamento de 6 bilhões de dólares – e a determinação de copiar (pelo menos na superfície) qualquer inovação da Netflix que funcione com os clientes.

Mas é exatamente aí que está a estratégia surpreendente da Netflix e por que ela pode mudar as perspectivas de futuro do setor inteiro. Gigantes varejistas como a Blockbuster estão se concentrando na distribuição – levando o máximo de DVDs, jogos de computador, até mesmo chocolates e pipoca para o máximo de lares. A Netflix é uma inovadora de tecnologia que expande a qualidade da seleção – explorando a inteligência de milhões de membros para ajudar os clientes a descobrir filmes que não encontrariam de outra maneira. A proposta real não é ser mais barata ou mais conveniente que a Blockbuster. É acabar com o "complexo de Blockbuster" em si.

"Muita gente acha que somos apenas um serviço de aluguel de DVDs", diz Hastings. "Mas o verdadeiro problema que estamos tentando solucionar é: como transformar a seleção de filmes para que os clientes possam encontrar uma oferta constante de filmes que adoram? É um grande problema de compatibilidade. De um lado, temos 55 mil títulos de DVDs. Do outro, 300 milhões de americanos. Mas a maioria deles não consegue mencionar 10 filmes que estejam loucos para ver. A melhor maneira de resolver o problema é valendo-se das opiniões de outras pessoas para criar uma espécie de comunidade. É a chave para a satisfação do cliente."

Essa é uma idéia crucial sobre a criação de vínculos com os clientes – e cuja aplicação ultrapassa o universo dos filmes. No modelo da Netflix, os clientes não influenciam apenas o desempenho da marca – influenciam os outros clientes, cujas escolhas, por sua vez, os influenciam. A Netflix não quer criar apenas um sistema de entrega de DVDs supereficiente. Quer criar um sistema social que mude os filmes que os clientes vêem, baseado em grande parte nos filmes que os outros clientes estão vendo. "O que estamos tentando fazer é ampliar o gosto das pessoas", diz Hastings. "A Starbucks entrou em um mercado morto e criou uma cultura de apreciação do café. Nós oferecemos uma plataforma para ampliar o gosto em filmes."

A palavra "plataforma" é importante aqui. Durante anos, a Netflix possuía um crítico de filmes em tempo integral, e o próprio Hastings tem opiniões taxativas sobre suas preferências (ele é louco por documentários). Mas o que realmente importa é a opinião dos clientes – e como o site funciona para localizar clientes com gostos parecidos. Os clientes da Netflix adoram exibir seus conhecimentos. Em média, cada membro já avaliou mais de 200 filmes. Ao todo, os clientes já contribuíram com mais de 1 bilhão de críticas de filmes no site. Não é raro que a Netflix receba 1 milhão de críticas novas em um único dia. Um software especial analisa essas cotações para destacar filmes e fazer recomendações diferentes para cada cliente, sempre que a pessoa visitar o site.

É verdade que vários sites (sendo a Amazon o mais famoso) oferecem recomendações de produtos baseadas no retorno dos clientes. Mas poucas categorias de produtos são tão sensíveis às recomendações de seus pares como filmes, e as recomendações estão se tornando a essência da experiência dos clientes na empresa de Hastings. É o "efeito Netflix". Os membros escolhem 60% dos seus filmes com base nas recomendações do site. Somente 30% das locações da Netflix são lançamentos, comparados com quase 70% da Blockbuster. E, por incrível que pareça, com 55 mil títulos disponíveis em mais de 200 gêneros, os clientes da Netflix alugam 98% de todos os títulos.

Hastings dá um exemplo do efeito Netflix com a história de *Encantadora de baleias*, um filme modesto produzido na Nova Zelândia que conquistou os críticos ao ser lançado, em 2003. *Encantadora de baleias*, que não tinha nenhum perfil para ser sucesso de bilheteria, foi lançado em DVD no mesmo dia em que *O incrível Hulk* e *As Panteras 2*. Nos corredores da Wal-Mart e nas prateleiras da Blockbuster, os dois megassucessos de Hollywood deixaram *Encantadora de baleias* comendo poeira. Mas, entre os clientes da Netflix, o filme superou as duas produções de orçamento muito maior e se classificou entre os 100 mais alugados do site.

"É o poder da recomendação", diz Hastings. *Encantadora de baleias* teve uma carreira marginal no cinema por falta de propaganda. Mas nós o promovemos para as pessoas que gostam de filmes semelhantes, pessoas com esse tipo de gosto. Elas lhe deram cotações altas, outras pessoas viram as cotações e pronto, foi um sucesso imediato. É isso que podemos fazer com 1 milhão de assinantes. Se tivermos 20 milhões, seremos uma plataforma."

Esse é o sonho da Netflix. Será que ela vai conseguir 10 ou 20 milhões de membros pagantes? Será que vai resistir ao cada vez mais agressivo contra-ataque da Blockbuster, à possível entrada da Amazon no páreo, ao inevitável aumento de downloads autorizados pelos estúdios de Hollywood? É difícil dizer – mas daria um belo filme.

Porém, independentemente de como terminará o drama da concorrência, a moral da história está clara. De certa forma, o futuro da Netflix está nas mãos e na cabeça dos seus clientes – ou seja, em quanto eles apreciam interagir e aprender com outros clientes, em vez de encontrar a menor mensalidade ou alugar os filmes de maior orçamento na semana de seu lançamento. No início de 2005, a Netflix lançou uma nova ferramenta (chamada Netflix Friends) que permite que os clientes compartilhem suas avaliações e críticas com até outros 50 clientes, em vez de simplesmente colocá-las no banco de dados do site. Os membros podem até mesmo ver que filmes os amigos estão esperando para alugar olhando em seu perfil.

Em outras palavras, enquanto seus rivais mais abastados gastam para ampliar seus sistemas operacionais, a Netflix busca maneiras de aprofundar o seu sistema social. "Esta é a segunda geração da Netflix", diz Hastings. "Os filmes são sociais. Queremos nos tornar uma experiência mais poderosa porque os seus amigos estão lá."

Gerar esse tipo de experiência compartilhada deveria estar nos planos de todas as empresas que pretendem criar um vínculo emocional com as pessoas com quem negociam. Os clientes podem aprender a gostar de empresas que os mantêm entretidos, mas não resistem a empresas que os ajudam a aprender mais.

Capítulo 9

Mensagens inovadoras (3): como criar um vínculo com os clientes

A década de 1990 trouxe um excesso de conselhos de gurus especialistas. O que continua escasso são idéias e lições de inovadores de verdade, que estão criando vínculos duradouros com seus clientes e desenvolvendo, ao mesmo tempo, um plano transgressor para os setores de marketing e atendimento.

Sempre acreditei que esses setores desempenham um papel fundamental numa empresa. Os líderes do marketing têm uma liberdade única, dentro dos setores tradicionais de negócios, para pensar de forma ousada e desafiar as convenções, como se isso fizesse parte das suas atribuições. Sua tarefa não deve ser apenas posicionar produtos no mercado, mas, sobretudo, posicionar a empresa para o futuro – um futuro que outros executivos podem não ser capazes de vislumbrar. Por sua vez, os líderes do setor de atendimento ao cliente não são apenas responsáveis por receber queixas e resolver problemas. São a consciência da empresa – líderes cujo trabalho é garantir que ela cumpra as promessas que faz aos clientes.

O fato de tantas empresas prometerem demais e cumprirem muito pouco explica, em parte, por que existem tantos clientes insatisfeitos – mesmo quando essas empresas oferecem "negócios da China" em termos de preços e recursos. Paul English, empresário da internet e ex-vice-presidente de tecnologia da Intuit, ficou tão irritado com os serviços de atendimento telefônico gratuito que decidiu criar um site (www.gethuman.com) com todos os códigos secretos que conseguiu descobrir para que uma pessoa consiga falar com um atendente real pelo telefone.

Quer falar com um atendente num banco importante em Nova York? Pressione 5, aguarde, depois pressione 1/4/asterisco/0. Quer falar com alguém em um famoso provedor de acesso à internet? Basta pressionar 0 – cinco vezes. Quer ouvir uma voz humana numa das maiores fábricas de computadores do mundo? Escolha a opção 1, disque o ramal 7266966, escolha a opção 1, opção 4 e opção 4 novamente. Será que alguém acha que isso é uma forma razoável de criar um vínculo com os clientes, principalmente quando eles dispõem de tantas outras ofertas?

Toda empresa deseja lançar marcas que sejam aceitas pelos clientes e representem algo especial no mercado. Mas é impossível criar algo especial usando as mesmas antigas idéias sobre projetos, produtos, formas de entrega e criação de mensagens. Na hora de avaliar a situação das suas marcas, pergunte a você mesmo se já dominou os novos fundamentos do marketing.

1. Há sempre demanda por algo diferenciado.

Quem quer entrar num mercado que já está lotado? Mas até mesmo no mais abarrotado dos negócios existe espaço para inovadores que têm algo original a oferecer e algo autêntico a dizer.

Bem, pelo menos espero que exista! Pense nas condições de mercado que cercam este livro. Se nos basearmos estritamente nos dados sobre oferta e procura, a nossa dedicação a *Inovadores em ação* parece, na melhor das hipóteses, equivocada. O mercado editorial, assim como quase todos os meios de comunicação tradicionais, caracteriza-se por uma oferta crescente, uma demanda estacionária e uma concorrência implacável. Em 2004, as editoras americanas lançaram 195 mil títulos – 13% a mais que no ano anterior. Isso significa 3.750 livros novos a cada semana, durante 52 semanas. Em paralelo, entre 2001 e 2004 o número de livros vendidos teve uma queda de 3%, e mais de um terço dos livros enviados para as livrarias tiveram de ser recolhidos pelas editoras porque não foram vendidos.

É um mercado cheio de desafios – e fatal para editoras que se contentam em vender produtos comuns com estratégias desgastadas. Mas será que é um mercado tão diferente, por exemplo, do mercado de redes de televisão, de automóveis, de computadores ou de qualquer outro produto? É por isso que afirmamos que empresas de quase todos os setores enfrentam o mesmo desafio básico: como tornar uma oferta irresistível para clientes que já têm mais do que precisam daquilo que você está vendendo?

Existem várias respostas interessantes para tal desafio. Bryant Keil, diretor executivo da Potbelly Sandwich Works, assistiu, fascinado, a sua empresa passar de uma simples loja em Chicago para uma centena de lojas espalhadas pelos Estados Unidos. É claro que, por qualquer avaliação objetiva, é difícil convencer alguém de que o mundo precisa desesperadamente de mais uma cadeia de lanchonetes. A Subway, um gigante nesse setor, tem quase 25 mil filiais (na sua maioria, franquias) em mais de 80 países.

O que Keil pensa sobre ter que competir com uma empresa peso pesado como essa, num mercado saturado? Nada! "Não estou prestando atenção ao que esses caras estão fazendo. Estou preocupado com o que nós estamos fazendo. Temos que continuar superando as expectativas dos nossos clientes. Não podemos nos dar ao luxo de perder tempo com o que as outras empresas fazem ou deixam de fazer." Até agora, fechar os olhos para a concorrência está ajudando Keil e sua empresa a obter resultados surpreendentes. Uma loja da Potbelly, em média, gera um faturamento anual de 1 milhão de dólares – três vezes mais que uma filial da Subway.

2. Nem todos os clientes são iguais.

Se o seu objetivo é estabelecer um contrato psicológico com os clientes, então quase por definição você precisa saber que não vai agradar a todos os clientes. É verdade que pessoas muito diferentes começam o seu dia na Starbucks, e que os clientes do Commerce Bank pertencem a classes bem variadas. Mas a maioria das empresas inovadoras que vimos até agora se concentra num grupo bem definido de clientes. A Anthropologie inspira mulheres antenadas, com uma mentalidade bastante específica; a Vermont Teddy Bear é uma salvação para homens que não sabem o que fazer na hora de dar um presente.

De fato, quando Elisabeth Robert e seus colegas embarcaram no projeto de uma versão feminina da Vermont, esforçaram-se ao máximo para manter o foco nas diferentes necessidades de suas clientes. A postura e a expectativa das mulheres que compram presentes para mulheres (irmãs, mães, filhas) é completamente diferente da postura e expectativa dos homens. Por isso, a empresa de Elisabeth usa estratégias feitas sob medida. A diferença que importa não está nos produtos que vende, nem na forma como entrega suas mercadorias (é quase a mesma logística). A diferença está nas necessidades, preocupações e mentalidades em geral, profundamente diferentes, que homens e mulheres exigem do mercado – e no modo como a empresa pode reforçar seus vínculos com os dois grupos de clientes.

Um teste do nível de compromisso de uma empresa com seus clientes é a coragem de ignorar aqueles que não têm o perfil do seu negócio. Peter van Stolk, fundador e diretor executivo da Jones Soda, encontrou milhares de consumidores de refrigerantes (e uma boa quantidade de varejistas) que não gostam dos sabores ou dos rótulos de seus produtos. O que ele acha disso? "Se você acredita que uma marca precisa ter as suas convicções, então deve estar preparado para desagradar às pessoas", diz. "Não somos obrigados a agradar a todo mundo. Penso da seguinte maneira: se você não gosta da Jones, tudo bem. Não compre o produto e tenha um bom dia."

3. Marca é cultura, cultura é marca.

Existe uma relação direta entre a identidade de uma empresa no mercado (como ela se relaciona com os seus clientes) e seu ambiente de trabalho (como ela se relaciona com os seus funcionários). De fato, apesar do seu monumental sucesso enquanto marca, a contribuição mais importante da Starbucks para o futuro do marketing talvez seja a de saber que são os funcionários que dão vida à marca.

O que vale para a Starbucks também vale para a Cranium, para a Vermont Teddy Bear e para a Anthropologie. O varejista faz o possível para contratar funcionários que sejam "compatíveis com a clientela", afirma a diretora de lojas Wendy Brown, ou seja, funcionários que tenham atitudes, experiências e até mesmo uma formação semelhantes às das mulheres que compram em suas lojas. "Nossos funcionários são viajados, cultos e têm outros interesses além de seu trabalho. Temos artistas, intelectuais e até mesmo alguns doutores. Todos são capazes de travar uma conversa de verdade com nossas clientes."

Esse princípio certamente se aplica ao Commerce Bank, uma empresa focada no desempenho. "O curioso nessa história de cultura", diz o presidente do Commerce, Dennis DiFlorio, "é que você não pode comprá-la, não pode fazer uma fusão nem convertê-la. É impossível que a nossa cultura seja copiada pela concorrência."

4. Fazer propaganda para os clientes não é o mesmo que estabelecer um vínculo com eles.

Poucos inovadores formadores de marca investem pesado em publicidade para enviar mensagens ao mercado. A Cranium, que faz alguma propaganda, especializou-se em relações públicas, eventos especiais (geralmente organizados em parceria com a Starbucks) e soluções divertidas. A Jones Soda se vale de um arsenal de táticas de marketing de guerrilha – do lançamento de sabores incomuns em feriados e datas especiais até o patrocínio de atletas de esportes radicais.

Apesar da sua presença no universo do comércio de moda a varejo, a Anthropologie não gasta literalmente nada em propaganda. O raciocínio da empresa é: se você quer que os clientes invistam na sua marca e falem sobre ela, deve, antes de mais nada, investir tempo e dinheiro em criar produtos dignos de nota. Portanto esqueça a idéia de perder tempo planejando mais uma campanha publicitária. É mais importante buscar idéias para produtos que possam agradar a seus clientes.

Keith Johnson, gerente de compras de antigüidades e principal "antropólogo" de produtos, abre o caminho para os seus colegas. Durante mais de uma década, o trabalho dele foi literalmente fazer compras pelo mundo inteiro, e seu passaporte (reforçado com 72 páginas extras lotadas de vistos) é prova disso. Johnson e seus colegas percorrem feiras de antigüidades, mercados de pulgas, empórios obscuros, antiquários, museus e fábricas – da Europa à África do Norte, passando pelo Oriente.

Para Johnson, o verdadeiro achado não é um objeto singular que a Anthropologie possa vender em suas lojas (achados, como estampas botânicas ou um armário francês, representam apenas uma pequena porcentagem das vendas de decoração), mas sim algo que venha a inspirar uma nova decoração de interiores. "O meu trabalho é suprir a loja com uma espinha dorsal para criar vitrines e ambientes incríveis", ele diz. "Vendemos antigüidades, mas o foco é criar um ambiente. Ao mesmo tempo, sempre busco produtos que possamos reproduzir e transformar numa coleção própria. Artigos exclusivos são apenas um bônus, que reforça a experiência única da Anthropologie e as margens de lucro."

Um exemplo de sucesso: um vaso de cerâmica de 4 dólares, numa variedade de cores vibrantes, que vende feito água toda semana, ao passo que a pequena coleção de artigos originais de antigüidade que o inspirou custa uma pequena fortuna.

5. Quando o objetivo é aumentar o valor da marca, economizar centavos nem sempre faz sentido.

Vernon Hill, do Commerce Bank, não hesita em instalar máquinas de contar moedas em todas as suas agências, embora elas não rendam 1 centavo de lucro direto. Elisabeth Robert se recusa a contratar consultores da Bear sediados na Índia ou na Irlanda, e não em Vermont, embora esse tipo de terceirização pudesse representar uma economia considerável para sua pequena empresa. A DPR Construction investe incontáveis horas criando declarações de missão para as fábricas e escritórios que constrói, embora tempo seja dinheiro, sobretudo em construção.

Por que essas empresas inovadoras estão dispostas a assumir custos que as empresas tradicionais prontamente eliminariam? Porque seu objetivo é maximizar o valor de sua ligação com os clientes, e não minimizar os gastos.

Uma das estratégias para chamar a atenção dos clientes, especialmente quando a concorrência insiste em economizar centavos, é oferecer algo pelo qual as empresas cobram – ou mesmo algo que elas jamais pensariam em oferecer. O investimento pode ser pequeno, mas os lucros não têm preço. Uma pequena generosidade pode render muitos frutos.

A Apple oferece um conhecido exemplo desse fenômeno. Em 2001, quando as primeiras lojas foram inauguradas, causaram uma forte impressão nos clientes, com seu design elegante e a predominância do branco. Mas o elemento mais marcante das lojas acabou sendo a oferta gratuita de suporte técnico. Os clientes dispostos a esperar na fila, sem hora marcada, podem trazer seus laptops com defeito (e agora seus iPods) e um "gênio de plantão" na loja tenta consertar o produto, na hora.

Ron Johnson, vice-presidente sênior de varejo da Apple, resumiu o impacto desse serviço: "É a parte da loja com a qual as pessoas desenvolvem a maior ligação", ele disse ao *The New York Times*. "Será que o serviço gratuito (fornecido com muito estilo) é um custo adicional para a Apple? É claro. Mas como avaliar a simpatia gerada por ele?"

O que serve para iPods e software também serve para sanduíches. "Muitas empresas tentam ludibriar seus clientes, procurando descobrir maneiras de ganhar um pouco mais", diz Bryant Keil, da Potbelly. "Nós tentamos descobrir como podemos oferecer mais aos clientes. Poderíamos abrir mão dos cookies de cortesia, mas os nossos clientes amam esses cookies. Poderíamos construir nossas lojas pela metade do que gastamos, mas seria um erro. Mesmo que nossos clientes não percebessem, os nossos funcionários perceberiam. E isso geraria uma cultura de aparar arestas, para economizar. Esta simplesmente não é a nossa filosofia. Se você tenta economizar centavos, no final irá pagar por isso."

PARTE 4

Redefinindo o trabalho

Capítulo 10

Em sua companhia: negócios que levam em conta as pessoas

"A questão não é encontrar o programador mais impressionante ou o melhor estudante de MBA. A questão é encontrar uma pessoa que um dia possa dirigir a empresa. O que oferecemos são projetos interessantes, equipes pequenas e lugares dinâmicos onde trabalhar. Estamos procurando pessoas com habilidades refinadas, experiências de vida únicas e uma paixão verdadeira. Nosso pessoal curte este trabalho. Eles o amam, e isso precisa ser genuíno."

JANE HARPER, DIRETORA DE RELACIONAMENTO COM UNIVERSIDADES E PROGRAMAS DE INOVAÇÃO DA IBM, E FUNDADORA DO PROGRAMA EXTREME BLUE

Ken Aponte está pronto para seu momento de glória. Ele não trabalha no teatro, mas está no palco de um auditório em Armonk, Nova York, frente a frente com o CEO da IBM, Sam Palmisano, o estrategista-chefe de tecnologia Nicholas Donofrio, o vice-presidente de tecnologia e inovação Irving Wladawsky-Berger e uma centena de outros executivos e magos da pesquisa que trabalham para a IBM. Pode-se dizer que foi uma carreira meteórica: menos de três anos antes, Ken estava num laboratório da IBM em Austin, no Texas, colocando seu crachá pela primeira vez. Agora, ele e três colegas de equipe têm exatamente quatro minutos para apresentar sua estratégia envolvendo tecnologia e aplicações comerciais para um chip conhecido como "Cell", um microprocessador ultra-rápido e extremamente sofisticado, que é o cérebro dentro do Sony Playstation 3 e tem um grande potencial para a eletrônica de aviões, imagens médicas e outros campos com alta exigência de aplicativos gráficos.

O grupo apresenta seu plano sem hesitar sequer uma vez. Um dos motivos para estarem tão confiantes é que eles conhecem perfeitamente seu material. Refinaram suas idéias durante dias sem fim, escrevendo códigos, criando protótipos e buscando recursos. Mais ainda, nas últimas semanas eles passaram quase todos os dias ensaiando e revisando sua apresentação. Antes de chegar a Armonk, sede da IBM, o grupo já tinha feito a mesma apresentação para muitos colegas da empresa. Houve ainda uma sessão para o presidente e CEO da Toshiba, Tadashi Okamura, quando este visitou o laboratório de Austin, vindo diretamente do Japão. (O processador Cell é parte de uma parceria de quatro anos e 400 milhões de dólares entre IBM, Sony e Toshiba.) De certa forma, a sessão de Armonk é apenas mais um momento notável, num período de três meses de pesquisa, testes e debates.

O mais incrível, contudo, é que Ken e seus colegas não são cientistas premiados ou executivos veteranos, pessoas com uma longa carreira atrás de si, que mereceriam uma audiência de tamanha importância. São estagiários de verão, parte de um pequeno grupo de elite de estudantes de engenharia, ciência da computação e alunos de MBA que a IBM escolheu para seu programa Extreme Blue. A IBM descreve esse programa como uma incubadora para novos talentos em inovação em tecnologia e negócios. Para os participantes, é um caso de "tudo ou nada": uma experiência de imersão que divide estudantes de grande sucesso em pequenas equipes, permitindo que trabalhem com grandes problemas, dando-lhes acesso a tecnologias de ponta que mal saíram dos laboratórios e três meses para, nas palavras do manifesto do Extreme Blue, "começar algo realmente grande".

Pense em algo como um híbrido entre um *reality show* e o Projeto Manhattan (que levou à criação da bomba atômica): grupos de jovens inteligentes, ambiciosos, altamente motivados, vivendo e trabalhando de forma muito próxima, sob grande pressão, concentrados em tecnologias e oportunidades de negócios com enorme potencial. "Apenas os melhores têm vez aqui", diz Jane Harper, uma veterana com 25 anos de IBM que criou o Extreme Blue em 1999. Harper tem sido a responsável pela expansão do programa, que hoje conta com centenas de estudantes trabalhando em 12 laboratórios ao redor do mundo, em cidades como Amsterdã, Pequim, Dublin e Toronto. "Todas as equipes estão tentando fazer algo fantástico, que realmente consiga nos surpreender. Muitos irão fracassar, mas outros serão bem-sucedidos."

O verdadeiro objetivo do Extreme Blue não é iniciar novas operações ou conquistar novos mercados. A curto prazo, o objetivo central é o de tornar a IBM mais atraente para um novo tipo de pessoas – uma geração de programadores, engenheiros e empreendedores talentosos e impacientes cujo primeiro instinto seria o de preparar seu próprio plano de negócios para apresentar no Vale do Silício, em vez de começar como soldado raso no exército global de 320 mil homens da IBM. Os líderes veteranos da companhia compreendem que a vida na Big Blue nem sempre parece atraente para os gênios fascinados pelo estilo do Google, pela influência cultural da Apple ou pelo espírito de abertura e liberdade do mundo da programação em código aberto. Também compreendem que qualquer empresa determinada a ampliar sua participação no mercado (mesmo uma empresa tão poderosa quanto a IBM) precisa conquistar mais do que sua cota normal de jovens talentos.

No início da década de 1990, havia uma placa do lado de fora da porta do laboratório dizendo: "Esta não é a IBM de seus pais." A mensagem resume a essência do Extreme Blue. Em 2004, mais de 4.500 estudantes se candidataram a apenas 200 vagas no programa. Com o passar dos anos, cerca de 80% dos participantes do projeto aceitaram trabalhar em tempo integral para a IBM. Basta conversar com um dos ex-participantes e atuais funcionários da IBM para ouvir algo muito semelhante: "Eu achava que jamais faria parte de uma corporação", ou ainda: "Jamais me vi como alguém que trabalharia na IBM." Esse é o exemplo de uma empresa antiga, já estabelecida, que por algum tempo esteve fora da moda e que está plantando as sementes do seu futuro.

A longo prazo, o objetivo do Extreme Blue é encontrar novas formas de trabalho para a IBM, acelerando sua virada estratégica. E a forma mais duradoura que uma empresa pode encontrar para trabalhar de maneira diferenciada, na mente dos chefões da Big Blue, é encher a empresa de indivíduos capazes de trazer diferentes estilos de trabalho.

Qual é, então, o resultado do Extreme Blue? Segundo Harper, é uma nova perspectiva sobre o próprio futuro da IBM, elevando o lado humano da empresa ao mesmo nível de comprometimento de seus laboratórios de pesquisa, ou de sua longa tradição de atendimento aos clientes. "É claro que potencializar a inovação é central para o Extreme Blue", ela diz. "Mas, na verdade, trata-se de potencializar pessoas. É como um vírus se propagando por toda a empresa. O que ele está disseminando é vitalidade."

PARA ALÉM DOS CURRÍCULOS – O CARÁTER DA COMPETIÇÃO

"As pessoas são nosso maior patrimônio" é o mais onipresente de todos os chavões da vida corporativa. A realidade inegável, contudo, é que o lado humano das empresas continua sendo tratado como a periferia menos importante. É o último item na maioria das listas de prioridades estratégicas de muitos CEOs. É para onde executivos medíocres vão, quando não conseguem suportar o ritmo das partes "reais" da organização. Honestamente: quantas empresas você conhece que são tão criativas, tão disciplinadas e tão "focadas em negócios" em relação ao fator humano no seu cotidiano quanto em relação às finanças, à engenharia e ao marketing?

Ao longo dos anos, viajando pelo mundo para avaliar as constantes mudanças nos estilos de liderança empresarial, procurei essas empresas. Mas não encontrei muitas. Poucos CEOs podiam dar uma reposta convincente a uma pergunta simples que gosto de fazer quando visito uma organização pela primeira vez: por que pessoas realmente extraordinárias gostariam de trabalhar aqui? (A resposta não pode envolver salários, bônus ou participação nos lucros.) O que há naquilo que sua empresa representa, na sua visão do mercado, nas formas como seus funcionários interagem com os clientes ou colaboram uns com os outros que a torna irresistível para as melhores mentes em seu setor? Como a presença de sua empresa no mercado de talentos pode melhorar sua posição no mercado de produtos?

Esses são os fundamentos básicos da prosperidade a longo prazo. Por um lado, não será possível ter clientes satisfeitos e felizes se a sua empresa estiver cheia de pessoas infelizes e descontentes. Competidores inovadores como o Commerce Bank e a Anthropologie compreendem a conexão direta entre ser capaz de demonstrar um desempenho único e saber recrutar o grupo certo de profissionais. Além disso, se você acredita que as empresas competem com base na força de suas idéias, então também precisa acreditar que elas competem com base na capacidade intelectual das pessoas que as formam. Brincando com um velho slogan, as companhias não têm idéias, as pessoas sim. A forma mais direta de levar boas idéias para uma empresa – além de abrir suas portas e paredes para os cérebros do lado de fora – é preenchê-la com pessoas extraordinárias.

Esse não é um apelo para retornar aos velhos tempos da "bolha" da internet, com tudo o que tinham de ruim: aquele breve momento em que a "guerra por talentos" se tornou uma desculpa para enormes bônus de contratação e grandes pacotes de participação nos lucros. Construir uma organização cheia de estrelas não significa sucumbir a um sistema que privilegia cada indivíduo em detrimento dos outros.

Logo após o estouro da bolha, num longo ensaio na revista *The New Yorker* intitulado "O mito do talento", Malcolm Gladwell fez um ataque contundente a esse modelo. Usou um alvo de alta visibilidade, um livro escrito por três consultores da McKinsey & Company chamado... *A guerra pelo talento*. Infelizmente para os autores, uma das empresas estelares do livro deslumbradas por astros era a Enron, cujos altos executivos se vangloriavam dos individualistas ambiciosos, agressivos e sem limites que povoavam a empresa. O livro foi lançado apenas dois meses antes que a Enron, envolvida em grandes escândalos, entrasse com um pedido de falência, o que não ajudou nem um pouco a enaltecer os principais argumentos dos autores diante do cético Gladwell. "E se a Enron não tiver fracassado *apesar* de sua mentalidade centrada em talentos, mas *por causa* dela?", ele perguntou. "E se pessoas espertas receberam mais atenção do que mereciam?"

Gladwell lançou mão de pesquisas de ciências sociais que documentam a importância de habilidades práticas acima do puro poder de raciocínio; a tendência de indivíduos que pensam ser mais espertos que os outros (e que são assim considerados) a se preocuparem mais em parecer inteligentes do que em aprender coisas novas; e os perigos do que três psicólogos chamaram de "o lado negro do carisma".

Ao construir seu raciocínio, o articulista da *The New Yorker* baseou sua argumentação contra o sistema de estrelas, que vinha sendo praticado no mundo corporativo, num ensaio hoje esquecido. Na edição de fevereiro de 1924 da revista *American*, um homem de negócios anônimo publicou o artigo "Por que eu nunca contrato homens brilhantes". O texto, ainda hoje interessante e vigoroso, é o relato das lições aprendidas na prática por um executivo que teve que despedir um colega extremamente inteligente, eloqüente e promissor que oferecia muitas idéias mas não apresentava resultados reais, que começava muitos projetos mas rapidamente se desinteressava deles. "Os negócios e a vida são criados em torno da mediocridade bem-sucedida", dizia o autor a partir de suas experiências, "e as companhias não se tornam vitoriosas porque empregam pessoas brilhantes, mas porque conseguem compreender como extrair o máximo de pessoas comuns."

Gladwell disse o mesmo de outra forma, quase 80 anos depois. "De modo geral, o erro da McKinsey e de seus seguidores na Enron", argumentou, "foi seu pressuposto de que a inteligência de uma organização é apenas uma função da inteligência de seus funcionários. Eles acreditam em estrelas porque não acreditam em sistemas. De certa forma, isso é fácil de compreender, porque as nossas vidas são obviamente enriquecidas pelo brilho de indivíduos. Grupos não escrevem bons romances, e um comitê jamais chegaria à Teoria da Relatividade. Mas as empresas funcionam com outras regras. Elas não se limitam a criar: precisam executar, competir e coordenar os esforços de muitas pessoas diferentes, e as organizações que têm maior sucesso nessas tarefas são aquelas onde *o sistema é a estrela*."

Acredito que essa distinção é equivocada. As empresas inovadoras investem tanto em estrelas quanto em sistemas. Elas compreendem que "ser extraordinário" diz respeito não apenas aos valores como ao virtuosismo, não apenas àquilo que faz com que as pessoas estejam motivadas, mas também a quanto elas sabem. Podem chamar isso de "caráter da competição" – a relação entre a identidade de uma empresa no mercado e o sentido de identidade que pessoas talentosas trazem para a empresa em que trabalham. Nem todos aqueles que apresentam grandes desempenhos se enquadram perfeitamente nas idéias que dão vida a uma organização. Mas as empresas que se contentam em preencher suas vagas com pessoas de desempenho medíocre dificilmente irão atingir um desempenho impressionante.

John Sullivan dedicou sua carreira a demonstrar como organizações diferentes competem por profissionais, e como elas competem por clientes. Responsável pelo programa de Recursos Humanos na Universidade Estadual de São Francisco, ele atua como consultor de empresas como a Nike, a Starbucks, a Microsoft e a MGM e é autor de uma série de livros que desafiam a sabedoria convencional.

"Sou um capitalista, não um assistente social", proclama Sullivan. "Há companhias demais gastando tempo demais tentando 'melhorar' pessoas medíocres. Deveriam gastar seu tempo recrutando e treinando pessoas de alto desempenho. É como nos esportes. Se o seu time de basquete conta com o talento de Shaquille O'Neal, você sempre tem uma boa chance de vencer o campeonato. Mas dois jogadores de defesa de 1,80m nunca vão ser o mesmo que um Shaquille de 2,10m. O papel do RH é sair por aí e encontrar vários Shaquilles, e depois criar um sistema que permita que todos eles brilhem."

A partir do momento em que se inscrevem no programa Extreme Blue, os participantes se vêem imersos num sistema que valoriza a coesão do grupo, em vez de realizações individuais. Jane Harper e sua equipe produziram um manual intitulado "Permanecendo radical", para todos os participantes. É um dos textos mais claros que já li sobre como indivíduos talentosos podem alterar o resultado de uma organização grande e complexa como a IBM. A palavra-chave do documento é "humbição", ou a mistura sutil de humildade e ambição que, segundo os autores, impulsiona os maiores inovadores do mundo dos negócios. "Seja ambicioso. Seja um líder. Mas não diminua os outros na busca de suas próprias ambições", alerta o manual.

Pense no início das carreiras de Marc Andreessen e Mike McCue, que entraram para a história com a Netscape e levaram as lições aprendidas nos selvagens anos 1990 para seus projetos de "negócio do século". A saga da Netscape mudou para sempre sua abordagem de estratégia. Mas ela também lhes serviu como lição sobre o lado humano do empreendedorismo. A diferença entre sucesso e fracasso, tal como Andreessen e McCue a entendem hoje, não é apenas em função dos mercados em que uma empresa compete, ou dos produtos que lança. É igualmente importante saber quem são as pessoas que ela deixa entrar – quem é contratado, quem é recusado e qual o critério para tomar essas decisões.

"A distância entre o que uma pessoa altamente produtiva e uma pessoa mediana podem fazer está se tornando cada vez maior", argumenta Andreessen. "Cinco grandes programadores podem ultrapassar, sem a menor dificuldade, mil programadores medíocres, especialmente porque esses cinco grandes programadores podem usar a internet para alcançar 800 milhões de pessoas." Mas não há dúvida de que identificar o poder de pessoas extraordinárias é mais fácil do que recrutar tais indivíduos para trabalhar em sua empresa, especialmente diante da sedução do crescimento rápido. "É fácil eliminar as pessoas ruins", diz Andreessen. "A parte difícil é deixar de lado os que são apenas bons. Sabemos bem como isso funciona: no final das entrevistas, executivos desesperados para preencher um cargo olham um para o outro e dizem: 'Esse candidato é bom. Vamos fazer uma oferta.' É nesse momento que você, como líder, tem que dizer: 'Não podemos fazer uma oferta. *Apenas bom* não é o bastante.'"

O risco, segundo Andreessen, é sucumbir ao que ele chama de Regra das Pessoas Medíocres: "Há pessoas razoáveis e há pessoas extraordinárias. Pessoas extraordinárias tendem a contratar pessoas igualmente extraordinárias, porque é com elas que desejam trabalhar. Mas pessoas razoáveis tendem a contratar pessoas que não são sequer medianas. Isso porque elas não querem gerenciar pessoas mais capacitadas do que elas próprias. Então, ao longo do tempo, a menos que você seja duro e disciplinado, o nível dos funcionários de sua empresa decresce, até atingir o menor denominador comum, e você se vê cercado de um monte de pessoas medíocres. É um desastre total."

Foi uma lição que Mike McCue também aprendeu, e que ele tem aplicado obstinadamente em sua empresa, a Tellme Networks, que está em crescimento acelerado. "O que aprendi de forma muito profunda na Netscape, e que influenciou tudo o que fazemos na Tellme, é que você tem que estar disposto a reduzir o ritmo, se quiser construir a companhia direito. Se crescer rápido demais, se abrir o capital cedo demais, se contratar gente demais ao mesmo tempo, tudo isso se voltará contra você. Não são necessárias muitas pessoas medíocres para se fazer um estrago generalizado. É preciso estar disposto a sacrificar o ritmo de crescimento para ser capaz de contratar as pessoas certas."

Contratar as pessoas certas, contudo, não significa necessariamente escolher as pessoas mais talentosas no sentido técnico mais radical – os programadores mais rápidos, os marqueteiros mais cheios de idéias, os magos das finanças. Há uma diferença entre ter um currículo impressionante e ser capaz de contribuir de forma impressionante. McCue não está apenas buscando as mentes mais brilhantes, ele está sondando o melhor encaixe.

E como é que a Tellme encontra esse encaixe? Um dos testes é um conjunto enganosamente simples de perguntas, para descobrir o que motiva um candidato e se ele tem afinidade com a estratégia da empresa para criar valores. McCue está procurando pessoas "que queiram trabalhar com outras pessoas extraordinárias". "Há uma quantidade enorme de egos circulando no setor de alta tecnologia", ele diz. E, assim como ocorre na IBM (onde McCue foi uma jovem estrela), pessoas que prosperam na Tellme "demonstram humildade. Sabem que podem melhorar e querem aprender com os melhores. Procuramos pessoas que brilham quando estão próximas de outras pessoas talentosas".

McCue e seus colegas buscam indivíduos que queiram criar uma empresa feita para durar – e que entendam os problemas que isso acarreta. "Não procuramos pessoas que só queiram fazer parte de uma aventura divertida", diz. "Queremos aqueles que estão dispostos a criar algo grande que tenha um impacto no mundo."

ATITUDE E APTIDÃO – POR QUE "QUEM VOCÊ É" IMPORTA MAIS DO QUE "O QUE VOCÊ SABE"

Uma coisa é ser altamente seletivo a respeito de quem você admite num programa de ritmo acelerado, como o Extreme Blue, ou numa empresa iniciante e promissora. Mas o que acontece quando se começa a acrescentar pessoas à hierarquia intermediária de uma organização já estabelecida, uma empresa que existe há décadas, sem o fascínio das novatas promissoras?

Sherry Phelps passou 33 anos na Southwest Airlines e, como principal executivo do departamento de pessoal, ajudou a criar muitas de suas práticas de contratação. Phelps é enfático no que diz respeito ao inabalável caráter da competição na Southwest – a conexão direta entre o propósito transgressor da empresa e as personalidades peculiares que mantêm os aviões no ar. A Southwest hoje é a companhia aérea mais próspera dos Estados Unidos, mas seus funcionários ainda transmitem a impressão de lutar ferozmente pela sobrevivência da empresa.

Como uma organização gigante, com mais de 30 mil empregados, consegue manter a atitude competitiva de uma novata radical? Restringindo suas contratações àqueles que demonstrem essa atitude – e inventando formas inteligentes de identificar quem deve ser contratado em meio à massa de candidatos. (Em 2005, a Southwest recebeu 260.109 currículos e contratou 2.766 funcionários, o que dá uma média de 94 candidatos para cada vaga.)

"A primeira coisa que procuramos é o 'espírito guerreiro'", diz Phelps. "Boa parte de nossa história foi construída a partir de lutas – lutar pelo direito de ser uma companhia aérea, lutar contra os grandalhões que queriam nos colocar para fora e agora lutar contra as companhias aéreas de baixo custo que estão tentando nos imitar. Nascemos em meio a batalhas, crescemos em meio a elas. Qualquer um que contratarmos precisa ter um pouco desse espírito."

Essa é uma das razões pelas quais a Southwest, assim como o ING Direct, outra empresa competitiva e transgressora, hesita em contratar veteranos da indústria – são pessoas que possuem as habilidades certas, mas as atitudes erradas para contribuir para a causa. Tanto em relação ao pessoal de bordo quanto à equipe de terra, Phelps e seus colegas acham melhor contratar, por exemplo, professores, garçons ou policiais, em vez de veteranos de outras empresas aéreas. "Preferimos pegar alguém animado e bem-disposto, com uma mentalidade orientada para o cliente, e então moldá-lo dentro da forma de trabalhar da Southwest, a tentar mudar os hábitos de alguém que já se acostumou com uma organização que vê a vida de outra forma", ele diz. Isso não quer dizer que a Southwest nunca contrate pessoas vindas de outras empresas de seu ramo, apenas que isso é menos freqüente do que se imagina.

Em outras palavras, a empresa avalia os profissionais com base no conceito de que aquilo que você é, como indivíduo, conta tanto quanto o que você sabe. Ela atribui um valor alto tanto para o caráter quanto para o currículo, e submete possíveis funcionários a um bombardeio de testes antes que se juntem à organização. Ao longo dos anos, a Southwest quase transformou em ciência a prática de identificar aqueles que têm o melhor desempenho, compreender o que os motiva e criar entrevistas, exercícios em grupo e outras técnicas para procurar as mesmas características em novos funcionários.

Um de seus testes favoritos é o chamado "Abrigo nuclear". Imagine que você se candidata a ser comissário de bordo. Você vai para a entrevista e descobre que é uma sessão em grupo, em vez de uma entrevista comum. Sentados num semicírculo, na frente de três representantes do departamento de pessoal da Southwest, você e outros 15 ou 20 candidatos são apresentados ao seguinte cenário: "A notícia ruim é que o mundo está à beira de um apocalipse nuclear. A boa notícia é que vocês estão num abrigo nuclear. O abrigo, contudo, está quase lotado, e seu trabalho, como grupo, é chegar a um consenso sobre quem mais poderá entrar. Então surge uma lista com possíveis ocupantes: um bioquímico, um fazendeiro, um professor, um campeão de ralis de aventura, um músico famoso. Tenham em mente que suas escolhas terão enormes efeitos sobre a civilização que irá surgir. Agora, todos ao trabalho!"

Os candidatos entram em ação. Algumas pessoas falam rápida e animadamente, outras ficam ouvindo, alguém surge como mediador quando os ânimos se exaltam, alguém fica estressado e perde o controle. Qual o objetivo do exercício? Simular o desafio de ficar calmo enquanto você está a 30 mil pés num tubo de alumínio cheio de passageiros irritadiços e crianças irrequietas. A escassez de tempo, os julgamentos rápidos e a dinâmica de grupo do exercício do "Abrigo nuclear" tentam reproduzir a pressão que o pessoal de bordo irá enfrentar (e terá que dominar) diariamente.

À medida que o grupo se deixa envolver pela tarefa, os avaliadores da Southwest observam cuidadosamente. Eles não estão procurando uma resposta certa. Estão procurando a atitude certa. "Não importa a que solução o grupo vá chegar", diz Phelps. "O que nos interessa é como eles interagem uns com os outros. Quem se destaca como líder? Quem está pedindo a ajuda de outras pessoas? Quem está tentando ser uma estrela? Não é um teste que dê respostas garantidas, mas é possível ter uma noção da contribuição que cada um poderá dar. Não estamos interessados em respostas específicas ou num estilo determinado. Estamos tentando descobrir o que faz com que cada um seja quem é."

Ou seja, a empresa está buscando manter um caráter de competição diferenciado, que lhe permita sobrepujar suas rivais. "Na Southwest, tínhamos uma idéia muito clara de como seria um grande funcionário", confirma Libby Sartain, veterana com 13 anos da empresa aérea. "Tínhamos alguns atributos culturais que buscávamos em todos os funcionários. Não contratávamos ninguém a menos que estivéssemos certos de que eram pessoas adequadas ao estilo da Southwest. Isso não era negociável. Por isso a experiência dos clientes não mudou com o crescimento da empresa."

Sartain está infundindo o mesmo tipo de disciplina não negociável em sua nova empresa, a Yahoo, que tem crescido enormemente nos últimos anos. Ela foi para lá em agosto de 2001, quando o desempenho das ações da Yahoo no mercado estava em seu pior momento, assim como o moral dos supostos "milionários da internet" contratados pela empresa. De lá para cá, a companhia triplicou o número de funcionários, passando de 3 mil para cerca de 10 mil. Hoje ela recebe mais de 10 mil currículos por mês, uma média de 50 para cada vaga aberta.

Qualquer empresa que tenha um modelo de negócios transgressor precisa ser bem clara quanto à experiência de trabalho que ela cria para apoiar o seu modelo – e sobre como essa experiência de trabalho, por sua vez, irá definir a experiência do consumidor. Sartain chama o fenômeno de "*branding* de dentro para fora". Há, segundo ela, uma conexão direta entre os valores que motivam um funcionário extraordinário da Yahoo e os valores que motivam os melhores, mais leais e mais satisfeitos clientes da Yahoo.

Sartain chama esses atributos de "Gene Y" e, enquanto disputa com o Google, a IBM e a Microsoft para atrair os programadores e pesquisadores mais talentosos, ela está determinada a avaliar o seu caráter, assim como seus currículos, e caçar o Gene Y em todos os candidatos. As pessoas com o Gene Y, quer sejam funcionários ou consumidores, "são curiosas e vibrantes. Dão valor à sinceridade e desejam viver sem controles e sem restrições. Sabem que a vida é algo enorme. Querem crescer. É esse o tipo de pessoas que procuramos. Também é o que nossos melhores clientes buscam quando usam a Yahoo".

ESCALANDO O ELENCO DA EMPRESA – "NÓS ENCONTRAMOS VOCÊ" VERSUS "VOCÊ NOS ENCONTRA"

Você talvez ache a descrição que Libby Sartain faz do Gene Y peculiar. Ou pode achar que não interessa a mínima. Não importa. O verdadeiro desafio é encontrar suas próprias respostas às questões prementes levantadas pela Southwest, Yahoo e outras empresas dedicadas a aprimorar o caráter da competição. Pergunte a si mesmo: por que pessoas extraordinárias gostariam de fazer parte de minha empresa? Como posso reconhecer uma pessoa extraordinária quando encontrar uma? Será que consegui criar um grande vínculo entre a experiência do cliente e a experiência do trabalho?

Depois formule mais uma pergunta: será que eu sei onde e como encontrar grandes talentos? Líderes determinados a ter algo acima de sua cota normal dos melhores profissionais compreendem que pessoas extraordinárias quase sempre já têm trabalhos extraordinários. Portanto, se você deseja preencher a sua empresa com colaboradores de primeira, não pode esperar que eles batam à sua porta. É preciso ir bater na porta deles e persuadi-los a entrar em seu escritório. O guru dos recursos humanos John Sullivan chama isso de princípio de recrutamento "nós encontramos você" versus "você nos encontra". É mais um dos princípios que separam as organizações que levam a sério a competição por bons profissionais daquelas que não o fazem.

Sullivan deixa isso bem claro para qualquer um que se disponha a ouvir. "A primeira regra do recrutamento é que as melhores pessoas já têm empregos de que gostam", diz. "Então é você quem deve encontrá-las; elas não irão encontrar você. É impressionante ver quantas empresas ainda usam feiras de empregos para recrutar novos profissionais. Quem é que vai a uma feira de emprego? Pessoas desempregadas, claro! Tudo o que se consegue é uma pilha de currículos sem valor. O recrutamento precisa ser uma disciplina de negócios ágil e astuta, e não uma burocracia lenta, na qual se reviram pilhas de papel."

Analise agora a abordagem da missão de descobrir e avaliar novos talentos aperfeiçoada pelo Cirque du Soleil, a mundialmente famosa empresa de entretenimento sediada em Montreal, no Canadá. Fundado a partir de um grupo de artistas de rua em 1984, o Cirque tornou-se uma marca de entretenimento global que movimenta 600 milhões de dólares por ano – e um caso favorito dos analistas de estratégia de negócios. A ascensão do Cirque rumo à prosperidade foi tema de inúmeros perfis em revistas de negócios, de um longo ensaio na *Harvard Business Review* e até mesmo de estudos de casos feitos por professores de MBA dos dois lados do Atlântico.

É fácil entender o porquê de toda essa atenção. O fundador do Cirque, Guy Laliberté, criou um negócio fabulosamente bem-sucedido (e entrou para a lista de bilionários da *Forbes*) ao reinventar o espetáculo circense. Laliberté e sua trupe de equilibristas em perna-de-pau, trapezistas, acrobatas e malabaristas de espadas reimaginaram o formato-padrão dos espetáculos de acrobacias, apresentações com animais e palhaços num espetáculo arrebatador, no qual as habilidades artísticas conduzem desempenhos atléticos formidáveis. Daniel Lamarre, presidente do Cirque desde 2001, chama a fórmula de "criação sem concessões". A primeira regra estratégica da companhia diz: "Só fazemos coisas que nós mesmos achamos empolgantes. Se são chatas, nós as deixamos de lado."

Ao entrar na sede do Cirque, é difícil imaginar que a vida possa ser chata por um momento sequer. O lugar borbulha com energia e cores. É o centro de criação e produção de todos os espetáculos da companhia – a sede de uma trupe em constante mudança de diretores, artistas e treinadores, além de uma população permanente (mais de 1.300 pessoas) que inclui publicitários, figurinistas e cenógrafos. Ginastas em roupas colantes passam, executivos sentam em degraus de concreto para uma reunião na ágora – um ambiente aberto magnífico, abrangendo três andares –, enquanto um dos artistas aperfeiçoa suas habilidades na parede de escalada interna.

Ao mesmo tempo, funcionários do departamento financeiro, sentados em suas salas no quarto andar, observam, pela parede de vidro, um acrobata passar num trapézio, num dos ginásios de treinamento, com 23 metros de altura.

Tanto a sede da companhia como suas produções são resultado de trabalhos singulares da imaginação – cenários de sonho surreais, revolvidos por grandes dramas humanos e povoados por criaturas em fantasias elaboradas. Em *Alegria*, o eterno conflito entre sabedoria e juventude é simbolizado por uma gangue de jovens durões que saltam e atravessam o ar, numa série de trampolins interconectados e embutidos no palco. *Varekai* é uma meditação sobre o mito de Ícaro, com uma queda livre em uma floresta onde criaturas anfíbias exóticas deslizam, rodopiam e se entrelaçam como se estivessem no gelo.

O resultado dessa intensa criatividade é um negócio de alto desempenho – uma experiência de entretenimento de encanto profundo e duradouro. Sete milhões de pessoas compraram ingressos para shows do Cirque em 2004 e mais de 42 milhões de pessoas, em aproximadamente 100 cidades, já assistiram a pelo menos uma de suas produções originais nas últimas duas décadas. As enormes tendas feitas sob medida para a companhia estão montadas em até quatro continentes ao mesmo tempo. No total, a companhia atingiu 1 bilhão de dólares de receita em

2007, ao mesmo tempo que continua a experimentar novos formatos, como publicações, restaurantes, casas noturnas e até mesmo uma série de TV.

Não há dúvida de que o Cirque foi pioneiro em uma estratégia de negócios realmente original. Mas não é possível compreender seu desempenho em negócios sem compreender também sua abordagem em relação aos seus próprios artistas. Seus espetáculos se tornaram grandes obras de arte sobretudo porque o Cirque domina a arte e a ciência de descobrir, avaliar e recrutar os melhores artistas e profissionais. E cria uma conexão explícita entre as pessoas que escolhe e o produto que oferece, entre sua equipe e sua forma de fazer negócios.

"Nossa missão é estimular a imaginação, desafiar os sentidos e emocionar", explica Lyn Heward, que se juntou ao Cirque em 1992. "Mas não é uma meta voltada somente para nosso público externo. É também o que queremos que as pessoas aqui dentro sintam. O Cirque não quer se repetir. É por isso que nunca paramos de selecionar pessoas. Intrinsecamente, a seleção de talentos é um ato criativo. A primeira diretriz do departamento de seleção é alimentar os criadores de espetáculo com idéias – idéias humanas."

Esse trabalho é feito por Line Giasson, diretora de elenco do Cirque, e seu time de 40 olheiros, coordenadores de testes e negociadores de contrato. Sem dúvida, Giasson e seus colegas cumprem algumas das tarefas normais, como preencher vagas nos espetáculos atuais e reunir o elenco necessário para espetáculos que irão estrear. Mas é impossível confundi-los com os profissionais de recursos humanos tradicionais: seu trabalho mais importante é o de identificar talentos incomuns muito antes que uma vaga apareça, quando um novo espetáculo nada mais é que um brilho nos olhos de seus criadores. "Nosso trabalho não é 'contratar' pessoas", explica Giasson. "É encontrar e apresentar pessoas em quem acreditamos."

Giasson e seus colegas da seleção de elenco têm tamanho entusiasmo pelos artistas que revelam que instituíram um evento anual chamado *Paixão*. Todos se reúnem na sede do Cirque, em Montreal, para assistir a uma apresentação das cinco descobertas favoritas daquele ano. São exibidos vídeos e gravações para apresentar artistas tão variados como dançarinos africanos, percussionistas que usam utensílios de cozinha e campeões de esportes radicais. A idéia não é contratá-los (embora este seja, com freqüência, o resultado feliz), mas inspirar, estimular e celebrar os talentos individuais que são o coração da criatividade do Cirque.

Uma empresa leva a sério a tarefa de descobrir e atrair os melhores profissionais disponíveis quando continua procurando novos talentos, sem se preocupar com as vagas já abertas ou com seus planos imediatos; quando procura identificar novos profissionais antes mesmo que sejam necessários. No Cirque, essa busca permanente envolve a organização de uma grande rede. Membros do departamento de elenco varrem o mundo constantemente em busca de artistas extraordinários e inspiradores, viajando de 20 a 40 vezes por ano para destinos tão diversos quanto os ginásios da Europa Oriental, as favelas do Brasil e os vilarejos da Mongólia. Também estão presentes em diversas competições esportivas, festivais de artes cênicas, escolas de circo e eventos culturais.

"Há talentos em todos os lugares", diz Giasson. "Por isso procuramos por toda parte. Se desejamos nos reinventar – é o que todos no Cirque buscam fazer –, então temos que trazer novidades constantemente. Não deixamos de lado nenhum local onde possamos descobrir novos talentos. Devemos estar sempre de olhos abertos."

Esta abertura explica como um olheiro descobriu uma acrobata escondida dentro de uma mulher chamada Teda Bara, uma atriz brasileira sexagenária que parece mais uma cantora de ópera do que uma trapezista. A energia de sua adaptação de *Romeu e Julieta* para teatro de rua convenceu o olheiro de seu potencial. Depois de uma sessão de treinamento de quatro meses, Bara agora escala alturas vertiginosas e depois desce em queda livre em espetáculos do Cirque.

Os olheiros do Cirque encontram talento em todos os lugares porque mantêm suas mentes abertas para quase tudo. Depois de 20 anos contratando acrobatas, atletas, contorcionistas, atores e músicos, desenvolveram redes de contato poderosas em todas as comunidades relacionadas a essas áreas. Já cruzaram todos os continentes, mas sabem que cobrir terrenos familiares é só uma primeira etapa na busca por talentos. "O mundo é pequeno", diz Giasson. "Compreendemos o funcionamento das disciplinas. Conhecemos os melhores coreógrafos, treinadores e festivais. Temos que continuar testando novos caminhos."

De fato, a equipe de Giasson fez um esforço concentrado para sair dos caminhos mais conhecidos. Foi assim que o Cirque descobriu uma nova disciplina chamada "laços urbanos". Um dos olheiros viu um filme do cineasta francês Jean-Luc Besson, chamado *Yamakasi*, que é o nome de um grupo de adolescentes de Paris que dizem ser os "samurais modernos", dedicados a lutar contra a dificuldade da vida nos guetos usando uma forma única de acrobacias, conhecida hoje como *parcours*. Os garotos pulam e rolam em meio ao cenário urbano, saltando do teto de um prédio para outro, subindo em paredes altas e ricocheteando entre estruturas. A exibição de habilidade e orgulho, junto com o apelo popular do grupo, foi incorporada a um espetáculo do Cirque, *Ka*.

A abordagem do Cirque em relação aos artistas é uma ciência, tanto quanto uma arte. Há uma disciplina real entremeada no processo de traduzir as descobertas dos olheiros em idéias e inspiração para novos espetáculos. A principal ferramenta é um imenso banco de dados, no qual a equipe de Giasson armazena os detalhes de cada encontro com um potencial futuro artista do Cirque. Seu departamento analisa todos os currículos, vídeos e relatórios que chegam e abre uma ficha para cada um que participe de um teste. O banco de dados contém 30 mil registros ativos de artistas, sendo cada um continuamente atualizado com as avaliações, novas informações para contatos, etc. O banco possui também cerca de 5.500 clipes de artistas demonstrando suas habilidades.

Esse banco de talentos serve como uma "memória coletiva de seleção de elenco", diz Line Giasson. Pode localizar uma pessoa adequada para os pedidos mais estranhos: por exemplo, um violinista gigante ou um palhaço de pernas de pau com formação em dança clássica, ou ainda uma contorcionista que saiba cantar. O banco de talentos não se limita a selecionar artistas de acordo com requisitos definidos pelo criador de um espetáculo. Ele dá suporte ao pessoal de seleção de elenco como parte da equipe de criação. Os diretores muitas vezes criam papéis com base nos candidatos apresentados pelo pessoal de elenco.

É claro que existe uma diferença entre descobrir um artista talentoso e saber se possui ou não aquilo que é necessário para ter sucesso no Cirque. Heward e Giasson dão ênfase ao caráter da competição: no Cirque, quem você é como colega conta tanto quanto o que você é capaz de fazer no palco. Preencher uma companhia com estrelas não é o mesmo que criar um sistema de estrelas, no qual as necessidades de indivíduos talentosos tenham precedência sobre aquilo que é melhor para todos.

"Não há estrelas aqui", insiste Lyn Heward. "O espetáculo é a estrela. É por isso que nossa avaliação vai além de saber quais os talentos que alguém possui. Queremos saber quem é a pessoa por trás do artista. Quantos saltos mortais você consegue dar não é tão importante quanto ter uma mente aberta em relação ao nosso processo, a persistência necessária para levar o trabalho até o fim e o que chamamos de 'fome de palco'. É isso que estamos procurando."

O Cirque desenvolveu seu próprio teste para encontrar essa "fome", um processo que estimula os artistas a expressarem aquilo que os impulsiona. A maioria dos testes começa com uma apresentação individual ou um talento específico. Especialistas de várias áreas (música, dança, acrobacia) dão notas com base em uma gama de critérios, de categorias físicas como flexibilidade a categorias mentais como atitude e paixão. Depois os candidatos devem superar os limites daquilo que haviam preparado para mostrar no teste, cantando, dançando ou fazendo palhaçadas. A idéia não é deixar as pessoas constrangidas. Giasson explica: "Tentamos criar condições para que possam ser elas mesmas. Se temos alguém que é tecnicamente extraordinário mas não combina com nosso grupo e, por outro lado, alguém com menos talento que possui grande carisma e generosidade, é esta segunda pessoa que nos interessa. É uma junção de habilidades com personalidade."

Também é uma mistura de entusiasmo e paciência. Giasson e sua equipe compreendem que, só porque encontraram alguém fantástico, isso não quer dizer que aquele seja o melhor momento para a pessoa largar tudo o que faz e juntar-se ao Cirque. Seus olheiros muitas vezes descobrem possíveis candidatos que possuem um contrato com outra produção, não estão interessados na vida sem rumo de um espetáculo em turnê ou simplesmente estão verdes demais para atender à exigência de fazer mais de 400 espetáculos por ano. O que não significa que o Cirque não os contratará. Significa apenas que não pode contratá-los assim que os descobre.

"O senso de oportunidade é muito importante", explica Giasson. "Mantemos um contato tão pessoal quanto possível. Mesmo que tenhamos milhares de pessoas no banco de dados, sempre damos um telefonema ou mandamos um e-mail. Somos as primeiras pessoas que os artistas conhecem e muitas vezes as únicas pessoas do Cirque com quem falam durante anos, até encontrarmos um lugar para eles. Não somos apenas olheiros, somos também embaixadores."

Durante as duas últimas décadas, essa abordagem criativa para descobrir novos talentos produziu uma mistura entre habilidades e personalidades que resultou em altíssimo desempenho. Os corredores do Cirque fervilham com diferentes idiomas (25, no total) e uma variedade de idades espantosa (dos 5 aos 69 anos). Até mesmo a sinalização interna do prédio é feita em quatro idiomas (inglês, francês, russo e chinês), superando a maioria dos aeroportos internacionais. Ainda assim, insiste Giasson, o desafio de descobrir novos artistas, entrar em contato com suas idéias e recrutá-los para a organização nunca termina – e nunca pára de expandir o repertório do Cirque, bem como sua estratégia de negócios. "Temos que continuar encontrando novos caminhos", declara. "Exploramos qualquer coisa que nunca tenhamos visto antes. Queremos saber onde começou e que pessoas estão associadas àquilo. Pode ser uma nova forma de dançar numa esquina do Rio ou o canto gutural da Mongólia. Não importa, nós continuamos cavando."

OFERTAS DE EMPREGO – RECRUTAMENTO COMO FORMA DE VIDA

Não é preciso colocar em campo olheiros de talentos, fazer centenas de testes ou investir em enormes bancos de dados para ser capaz de levar a sério o fator humano nos negócios. Algumas vezes, basta um punhado de inovadores resolutos, como um executivo sênior ou uma equipe de recrutadores na linha de frente que estejam preparados para usar a criatividade e a perspicácia, assim como uma dose de bom senso, para ultrapassar em muito os competidores mais caretas. Quando se trata de conseguir mais do que sua cota normal das melhores mentes em seu setor, um pouco de inovação pode gerar grandes resultados – especialmente se essa nova abordagem refletir um compromisso genuíno de vencer a batalha para conquistar profissionais.

"As empresas de melhor desempenho que conheço não possuem apenas uma cultura corporativa, possuem uma cultura de recrutamento firmemente arraigada", afirma John Sullivan, especialista em RH. "Elas compreendem que recrutar não é uma atividade menor enterrada no fundo da burocracia dos recursos humanos, mas sim um fator fundamental para o sucesso nos negócios. Não há muitas empresas assim, mas, quando você as vê em ação, elas deixam um impacto profundo."

Sullivan aponta o Google, o gigante de pesquisas da internet, como uma organização que está perto de se tornar o que ele chama de "máquina de recrutamento". A empresa, sempre presente nas manchetes por suas batalhas ferrenhas com a Microsoft e a Yahoo em busca de executivos de alto nível, é igualmente agressiva ao procurar profissionais em geral. Por exemplo, o Google coloca anúncios de empregos ao lado de pesquisas envolvendo os nomes de seus principais cientistas e engenheiros. Se as pessoas se interessam pelos funcionários de alto nível da empresa, pela lógica, é possível que elas mesmas estejam interessadas em fazer parte da companhia. Além disso, o Google cria redes de e-mails que mantêm milhares de pessoas informadas sobre desenvolvimentos na empresa, o que equivale a montar uma rede de talentos em potencial: quem sabe quando o interesse de alguém por uma tecnologia específica se tornará interesse num trabalho?

Mas você não precisa ser um gigante da internet para formar boas conexões de recrutamento. Pense na Starbucks, que tem um contrato psicológico único com os clientes. Os altos executivos da empresa compreendem que ela não pode cumprir seus planos ambiciosos de crescimento e faturamento a menos que seja capaz de manter sua ampliação permanente de funcionários cujas ambições pessoais sejam condizentes com a percepção da marca. Há uma conexão direta entre a identidade da Starbucks no mercado e o caráter único de seu ambiente de trabalho.

A tarefa de fazer a conexão cabe a Jason Warner, diretor de recrutamento da gigante do café, responsável pela explosão de contratações gerada por um dos casos de crescimento mais rápidos já vistos no mercado de varejo. A Starbucks, com mais de 10 mil lojas e cerca de 120 mil empregados em todo o mundo, abriu 1.800 novas lojas em 2006, isso após já ter aberto 1.500 em 2005. O objetivo a longo prazo, de acordo com a empresa, é ter 30 mil lojas, sendo 15 mil só nos Estados Unidos.

Acrescentar milhares de novas lojas significa acrescentar dezenas de milhares de novos funcionários. Em 2006, a empresa estava contratando em média 200 pessoas por dia. Mas Jason Warner e seus colegas estão determinados a impedir que esses números astronômicos levem à criação de uma burocracia uniformizada de contratações ou a um enfraquecimento na qualidade da equipe de atendimento da companhia.

A Starbucks teve que pensar numa série de maneiras de acrescentar toques pessoais à sua forma de contratar pessoas. Sempre que possível, as entrevistas incluem sessões de degustação de café, nas quais os veteranos da Starbucks discutem as virtudes de diferentes misturas com os candidatos. Uma "declaração de direitos dos candidatos" põe ênfase no uso de telefonemas e notas escritas à mão, em vez de formulários impressos, define metas para quão rápido os candidatos devem ter uma resposta de seus recrutadores e os encoraja a enviar vales de cortesia para uso na Starbucks como gesto de boa vontade, quer os candidatos sejam aceitos ou não no final do processo.

"Nosso objetivo é tratar nossos candidatos tão bem quanto tratamos nossos clientes, fazer algo que seja memorável para eles", diz Warner. "Não se pode tratar as pessoas com desdém, sobretudo num mundo em que há muito mais vagas em aberto do que talentos disponíveis para preeenchê-las. Tentamos recolocar um sentido humano no processo de recrutamento."

Poucas empresas parecem compartilhar essa meta. Sinceramente: qual foi a última vez que você, ou qualquer outra pessoa que conheça, teve uma interação com o departamento de RH de um potencial empregador que possa ser descrita como memorável (a menos que tenha sido pelos motivos errados)?

A Starbucks continua procurando formas de tornar seu processo de recrutamento ainda mais memorável. "As pessoas desejam esses empregos", declara John Sullivan, que pesquisou e escreveu estudos de caso sobre a empresa. "Não é como trabalhar num shopping ou no McDonald's." Em meados de 2006, a empresa estava analisando um plano para distribuir cartões de cortesia da Starbucks entre todos os seus empregados. Eles deveriam, por sua vez, entregá-los a pessoas que encontrassem ao longo do dia – balconistas, caixas de banco, pessoal de atendimento de companhias aéreas – e que tivessem feito algo especial ou impressionante. Cada cartão daria direito a um café e incluiria uma mensagem convidando a pessoa que o recebesse a pensar em trabalhar para a Starbucks. Essa estratégia essencialmente transforma cada funcionário num recrutador em potencial.

"Gostaria de distribuir esses cartões como se fossem água", explica Warner. "Temos dezenas de milhares de pessoas que trabalham para a empresa. Mas aqueles que não são recrutadores têm dificuldade em abordar outras pessoas. Os cartões simplificam tudo. Representam mais uma forma de reforçar objetivos em torno da criação de uma cultura de recrutamento."

Além disso, empresas que levam as contratações a sério compreendem que a fonte mais promissora de novos funcionários que de fato podem criar um diferencial são pessoas que criam ou já criaram esse diferencial no passado – ou seja, quem trabalha ou já trabalhou na empresa. O primeiro elemento para se construir uma cultura de recrutamento é uma cultura de indicações – uma coleção de funcionários dedicados que desejam que seus amigos e colegas de profissão pensem em se juntar ou retornar a uma organização.

Booz Allen Hamilton, a firma mundialmente presente de consultoria estratégica e tecnológica, fez enormes progressos com uma estratégia desse tipo. Quase a metade de seus novos recrutas chega por indicação de seus funcionários. E quase 10% das pessoas que entram na empresa a cada ano já trabalharam para ela antes. Na verdade, ex-empregados demonstraram ser uma fonte tão boa de novos empregados que a equipe de recrutamento da Booz Allen lançou um programa, chamado "De volta, rapazes", para reforçar esse efeito "bumerangue". Tudo isso, observa Jason Warner, da Starbucks, aumenta ainda mais o foco na qualidade da experiência do candidato. "Você não vai indicar alguém que conhece e de quem gosta a menos que esteja certo de que a pessoa será bem tratada", diz.

A dimensão humana nos negócios é cada vez mais importante: grupos cada vez menores de pessoas inteligentes e atuantes podem fazer coisas cada vez maiores. As companhias com o maior número de pessoas capazes de um desempenho estelar irão gerar o maior valor.

Mas as estrelas do mundo dos negócios não caem do céu. Elas procuram empresas que tenham as melhores respostas para algumas perguntas básicas. Você é articulado e persuasivo quanto aos motivos para que pessoas talentosas tenham mais chances de prosperar em sua companhia, e não com seus rivais? Você sabe identificar fontes de talento não exploradas, fontes que seus competidores costumam ignorar? Você investe seu tempo para ficar em contato com essas estrelas em potencial, de forma que, quando elas estiverem dispostas a pensar em mudar, você esteja pronto para colocá-las numa posição de alto impacto? As melhores pessoas dentro de sua companhia estão engajadas no recrutamento e indicação das melhores pessoas que conhecem fora da empresa? Caso contrário, como você espera conseguir algo além de sua cota média dos melhores talentos em seu setor de negócios?

Capítulo 11

Pessoas e desempenho: estrelas, sistemas e ambientes de trabalho que funcionam

A lógica é tão simples e os resultados tão evidentes que é impressionante ver como poucas empresas estão convencidas de que existe uma ligação direta entre o seu posicionamento em relação aos seus talentos e o seu sucesso no mercado. As empresas de alto desempenho já descobriram que suas decisões mais importantes devem passar por novos segmentos de atuação, por novas ofertas de produtos, mas, principalmente, pela seleção de novos profissionais. A intransigência e a inovação que direcionam todos os fatores de seus negócios também valem quando se trata de pessoas.

É por isso que uma gigante como a IBM, para se manter em constante evolução, precisa ser tão criativa ao atrair jovens técnicos que possam ter receio de trabalhar para a Big Blue. E é por isso que a Southwest Airlines cria exercícios para descobrir o "espírito guerreiro" que a diferencia de suas rivais sem brilho. É por isso, também, que os caçadores de talento do Cirque du Soleil percorrem o globo em busca de artistas extraordinários – e molda seus espetáculos a partir dos talentos específicos de seus artistas, e não o contrário.

Mas por que essas empresas são a exceção, e não a regra? Por que tantas companhias ainda tentam transformar em virtudes a "mediocridade bem-sucedida" e os "funcionários medianos"? Suspeitamos que a resposta seja a seguinte: um desempenho estelar exige um tratamento de estrela. Não um tratamento egocêntrico e valorizador do egoísmo que caracterizou a guerra por novos talentos da era das pontocom, mas um tratamento proporcional às altas expectativas que as estrelas colocam em seu próprio trabalho. O guru em recursos humanos John Sullivan é direto: "Não esqueça que estrelas não trabalham para imbecis. Ao elevar a qualidade de sua equipe, é preciso elevar também a qualidade da sua gerência." Quanto melhor você é ao atrair profissionais incríveis, melhor deve ser também em criar condições para que eles executem seu trabalho.

Para muitos dos competidores inovadores que encontramos, essas condições são criadas assim que alguém é recrutado, com uma abordagem do primeiro dia de trabalho. A maioria das companhias reconhece o poder (para o bem ou para o mal) das primeiras impressões, no mercado de consumo. E o que vale para os consumidores vale também para seus funcionários. Num banco obcecado com o atendimento, como o Commerce Bank, o primeiro dia passa longe da rotina de preencher formulários, fazer inscrições nos programas de benefícios e assistir a vídeos de boas-vindas. É um dia cuidadosamente coreografado para reforçar uma mensagem vibrante sobre como a empresa opera, e por que ela é diferente de seus competidores. É um dia em que novos empregados sentem na pele a experiência única que o Commerce Bank proporciona aos seus clientes.

O programa se chama Tradições, e é o ponto de partida oficial para qualquer cargo no Commerce. Logo na entrada do prédio, um funcionário do banco dá boas-vindas a cada recém-chegado. Depois o acompanha à sala onde "Mr. C" (o mascote do banco, vestido com um uniforme vermelho brilhante e luvas brancas) novamente lhes estende a mão para um "Toca aqui!". A música é alta, as expectativas também, e, antes que os novatos consigam se sentar, são cumprimentados por dois executivos do banco. O primeiro, de recursos humanos, anota informações pessoais. O outro, da área de treinamento, recolhe os casacos e serve cafezinho.

Cumprimentar o que parece um M&M gigante e assimétrico pode ser uma forma excêntrica de iniciar uma carreira no setor bancário, mas é só uma das muitas manifestações do entusiasmo e da atitude receptiva, relaxada e até um pouco exagerada que define o trabalho das melhores pessoas do Commerce. "Fazemos justamente o que não se espera de um programa de treinamento", diz Tim Killion, o extravagante gerente do Departamento Uau.

Oferecer serviços capazes de superar expectativas é o atrativo do Commerce Bank em seu mercado. Mas, para isso, é vital promover essa mesma atitude dentro do seu ambiente de trabalho: no dia em que a novata de número 10.000 chegou para o Tradições, Killion e 75 executivos da companhia (incluindo os diretores de recursos humanos e de treinamento) tomaram o lugar de assalto. Armados com uma dúzia de rosas, taças e champanhe não-alcoólico, fizeram um brinde para celebrar o marco. Em seguida, dois executivos vestidos como garçons serviram à incrédula novata seu prato favorito. "Foi um dia fantástico", disse Killion. "Uma experiência inesquecível não apenas para ela: até hoje todos se lembram desse dia. Ele simboliza exatamente o que queremos comunicar a nossos novos empregados: somos um banco que quer ser um espetáculo para seus clientes. E cada funcionário é o nosso protagonista."

O que o Commerce Bank diz em metáforas, o Cirque du Soleil faz literalmente: seus funcionários realmente se apresentam como personagens, para os espectadores dos espetáculos únicos que posicionam a companhia em seu mercado. Por isso mesmo, o programa de treinamento do Cirque é muito intenso. Memorável mas extremamente desgastante, ele costuma durar entre 12 e 16 semanas e é direcionado principalmente aos cerca de 60% de artistas do Cirque vindos da área de esportes competitivos (ginastas, saltadores e praticantes de nado sincronizado) – isto é, pessoas que não têm experiência no mundo do entretenimento.

Line Giasson, diretora do processo seletivo do Cirque, descreve esse modelo como "a metamorfose de um atleta em um artista". Aliado a trabalhos intensos e fisicamente desafiadores, o treinamento combina exercícios psicologicamente exaustivos e testa os limites da expressão artística. Numa sessão típica de treinamento (que costuma se estender por 10 horas, todos os dias), as instruções podem incluir um "seja uma segunda-feira", um "pule com alegria" ou um "congele nesta pose por três horas".

Uma participante, Natasha Hallett, descreve a experiência: "Descobri coisas que nem imaginava sobre mim mesma. Foi uma grande mudança. Você aprende que pode ser engraçada, que pode se expressar, descobrir aquilo que a faz especial." Hallett entrou para o elenco fixo do Cirque no espetáculo *Mystère* e se especializou num papel. Depois de alguns anos, pediu transferência para outro papel completamente diferente – que era, até então, representado por um homem. O personagem foi totalmente reformulado, incluindo, é claro, a sua fantasia. Esse é o tipo de independência criativa que o Cirque procura, e que mantém os espetáculos em constante renovação (mesmo aqueles que ficam anos em cartaz). É por isso que o treinamento é uma parte essencial no funcionamento do Cirque: ele não é feito somente para aperfeiçoar as habilidades dos artistas, mas para mergulhá-los na visão criativa que define a organização – e revolucionar a sua forma de pensar.

A mensagem do Cirque para seus funcionários é clara: trabalhar conosco é mais do que ter um emprego, é abraçar uma causa. E o recado para o mundo dos negócios é igualmente explícito: companhias que esperam causar o mesmo efeito transgressor no mercado de consumo devem começar de dentro para fora; as empresas que trabalham de forma inovadora também costumam competir de modo muito diferente de seus concorrentes.

Este é o objetivo deste capítulo: ser uma visita guiada a empresas onde pessoas talentosas aprenderam a trabalhar em colaboração. Um alerta: as companhias que realizaram uma transformação radical em seus ambientes de trabalho devem servir de inspiração para mudanças em outras empresas, mas não devem ser simplesmente copiadas. Passe um tempo observando essas organizações, veja como trabalham e avalie a sua própria empresa: você contribui para a criação de que tipo de ambiente de trabalho? E como isso reflete as suas intenções no mercado?

DE AGENTES INDEPENDENTES A COLABORADORES – COMO ENSINAR PESSOAS TALENTOSAS A TRABALHAR EM EQUIPE

Se você quer aprender com um competidor transgressor que criou um ambiente de trabalho absolutamente singular, visite os Estúdios de Animação Pixar em Emeryville, na Califórnia. Atravesse o portão e você terá a impressão de ter entrado num mundo secreto. Seu crachá já dá o tom: 'Um estranho lá de fora!', gritam letras garrafais. No gigantesco átrio em aço e vidro onde fica o escritório central, "pixarianos" ocupados atravessam o piso deslizando sobre scooters e skates, em meio a um fluxo incessante de pessoas. Um "estranho lá de fora" se sente mais dentro do cenário de um filme do que no lugar onde foi produzida uma série de sucessos de bilheteria.

A Pixar é a esmagadora força criativa e comercial responsável por *Toy Story*, *Vida de inseto*, *Monstros S.A.*, *Procurando Nemo* e *Os Incríveis* – filmes que reinventaram a arte da animação, conquistaram a imaginação de espectadores em todo o mundo e renderam mais de 3 bilhões de dólares de bilheteria. O estúdio produziu *Toy Story* em 1995. Foi o primeiro longa de animação feito inteiramente em computação gráfica. Desde então, já conquistou 20 Oscars pelos seus filmes e por sua tecnologia pioneira, além de gerar dúzias de registros de patentes. *Procurando Nemo* é um dos mais rentáveis filmes de animação de todos os tempos, tendo arrecadado 865 milhões de dólares em todo o mundo. *Os Incríveis* conquistou o Oscar como Melhor Filme de Animação depois de já ter rendido 630 milhões de dólares apenas seis meses após sua estréia, em novembro de 2004.

O desempenho revolucionário da companhia despertou interesse no Vale do Silício, em Wall Street, em Hollywood e até mesmo nos corredores da alta cultura: o Museu de Arte Moderna de Nova York (MoMA) promoveu uma gigantesca exposição em homenagem aos 20 anos de arte cinematográfica da companhia. A própria Pixar foi elevada ao status de estrela do cinema, com um valor de mercado proporcional. Em janeiro de 2006, a Walt Disney Company anunciou um acordo de 7,4 bilhões de dólares para a aquisição da Pixar (duas décadas depois de Steve Jobs comprá-la por 10 milhões de dólares). Não é de estranhar que muitos magnatas da indústria tentem, sem descanso, reproduzir a habilidade da Pixar em contar histórias e sua excelência tecnológica, na esperança de criar seus próprios sucessos em computação gráfica.

A ascensão da Pixar não diz respeito apenas a uma estratégia inteligente, uma tecnologia de peso ou histórias emocionantes. O estilo de trabalho da companhia ajuda a entender por que seus filmes são tão bem recebidos pelo público – e mostra como empresas dos mais diferentes setores podem ensinar pessoas talentosas a trabalhar em equipe. É certo que a indústria cinematográfica é uma das poucas que põem talentos no topo de sua lista de prioridades. Mas muitos desses talentos – atores, diretores, executivos de estúdio – gastam boa parte de seu tempo preocupando-se em obter vantagens pessoais, conspirando contra rivais e reivindicando um tratamento de "diva". O modelo da Pixar é outro. A companhia não apenas faz filmes que geram resultados de bilheteria acima da média, mas também os produz de forma completamente diferente, desafiando as convenções de Hollywood.

Companhias que constroem suas estratégias (de trabalho, de mercado ou as duas) a partir de um conjunto original de idéias conhecem a importância de transmitir esse pensamento para todos os profissionais. "Dispor de indivíduos com os talentos mais variados é excelente. Mas o grande desafio é permitir que esse grupo de pessoas extremamente qualificadas estabeleça parcerias produtivas e crie um trabalho notável", diz Randy Nelson, um executivo cinqüentão elétrico e vibrante. Nelson é também um artista multitalentoso, que já fez malabarismo com facas e ocupou cargos de liderança na Apple e na Next. Mas seu verdadeiro talento é orientar outras pessoas talentosas a expressar suas idéias mais criativas, a trabalhar em equipe e cumprir prazos difíceis. Seu maior desafio na Pixar é o de aperfeiçoar respostas para uma questão-chave para o funcionamento da empresa, e que praticamente virou seu mantra de liderança: como fazer arte como se fosse um esporte em equipe?

A pergunta não é comum no mercado cinematográfico. Mais de uma suposta autoridade no assunto traçou semelhanças entre as "empresas do futuro" (horizontais, descentralizadas e interligadas) e a escalação "por demanda" de atores, produtores e técnicos para determinado filme, assim como o seu desligamento no fim do projeto. No modelo de Hollywood, toda energia e investimento financeiro gravitam entre a grande idéia (o roteiro) e as minúcias do contrato. Pessoas incrivelmente talentosas e muito diversas assinam seus contratos, fazem sua parte do trabalho e partem em busca do próximo projeto. Esse modelo permite o máximo de flexibilidade, mas, por outro lado, inspira o mínimo de lealdade.

A forma Pixar de fazer filmes é o oposto desse modelo – ela envolve um time de colaboradores de longo prazo que permanece unido e focado em superar os próprios resultados a cada nova produção. Brad Bird, diretor e roteirista de *Os Incríveis*, passou as primeiras décadas de sua carreira circulando por Hollywood: visto como uma promessa em animação (mas nunca devidamente reconhecido), saiu do Cal Arts (California Institute of Arts) e foi trabalhar no seriado *Os Simpsons*, para em seguida dirigir seu primeiro longa (*O gigante de ferro*, elogiado pela crítica mas um fracasso comercial). Recrutado pela Pixar, Bird foi trabalhar imediatamente em *Os Incríveis*, que conquistaria dois Oscars.

Finalmente reconhecido, Bird é diferente de outros diretores premiados (profissionais independentes, de olho na próxima produção de grande orçamento). É um funcionário em tempo integral do estúdio que produziu esse filme e pretende continuar assim. Na verdade, ele faz parte de um grupo de notáveis diretores e talentos técnicos que apostam num trabalho a longo prazo na Pixar. Na contramão do sistema hollywoodiano, esses grandes talentos trocaram contratos temporários por salários e contribuem em todos os projetos do estúdio, em vez de escolher alguns poucos projetos pessoais. Randy Nelson afirma que esse sistema é "uma crítica direta da Pixar à prática do mercado". E completa: "O trabalho na base do projeto permite políticas irresponsáveis de contratação, pois não exige atenção ao bem-estar ou à satisfação das pessoas. O ambiente incrível, as oportunidades de aprendizado e crescimento e, acima de tudo, os excelentes colegas que encontramos na Pixar superam qualquer trabalho por contrato desse tipo."

Por trás da filosofia "estamos todos no mesmo barco" da Pixar existe uma estratégia muito realista. Um único longa de animação leva quatro ou cinco anos para ser concluído, sendo que os últimos 18 meses são uma corrida a toda a velocidade rumo à linha de chegada. Ao mesmo tempo que tenta superar suas próprias conquistas em termos de animação e roteiros, a Pixar acelera o passo da produção, passando de um filme a cada 18 meses para mais de um filme por ano em 2010. Na "Cova da Animação", onde trabalham as mentes mais criativas da empresa, o que primeiro chama atenção é um imenso relógio que ocupa toda a parede e marca dias, horas, minutos e segundos para o prazo de finalização do próximo filme. Num ambiente de trabalho onde as apostas são tão altas, até as pessoas mais incrivelmente talentosas estão sujeitas a encontrar contratempos, cometer erros e sofrer um colapso sob pressão.

"O problema com o modelo de Hollywood é o seguinte: o dia em que você encerra a produção, geralmente, é também o dia em que você descobre como trabalhar em equipe", diz Nelson. "Mas nós optamos por trocar um negócio centrado em idéias por um modelo com o foco nas pessoas. Não investimos somente em idéias, mas em pessoas. Desejamos criar uma cultura de aprendizado, cheia de pessoas que queiram aprender permanentemente."

A Universidade Pixar é onde essas pessoas vão descobrir coisas novas e aprender como trabalhar juntas. É difícil imaginar o funcionamento da Pixar sem ela. Quando Nelson ingressou na instituição, poucos dias depois do início de sua criação, recebeu de Ed Catmull, fundador e presidente da Pixar, um brilhante memorando. Em oito páginas, o documento esboçava a idéia de elevar a arte de criar animações a uma "abordagem científica" da técnica, e ensinar aos animadores como colocá-la em prática. Mas não foi Catmull quem redigiu o memorando. Foi o grande inovador de Hollywood, Walt Disney, pouco antes do Natal de 1935. Um dos trechos dizia: "Não podemos desistir até que tenhamos descoberto a melhor forma de ensinar tudo o que pudermos sobre nosso negócio a esses jovens (...) e fazer com que, ao executarem seu trabalho, sejam não apenas técnicos em animação, mas pessoas criativas."

Catmull acreditava que a história se repetiria: a criação da Escola de Artes da Disney, no início dos anos 1930, conduziu à "idade de ouro" da animação. Será que a criação da Universidade Pixar iria gerar uma segunda "idade de ouro"?

Os resultados falam por si. Sob o comando de Nelson, a universidade oferece mais de 110 cursos: um currículo completo em produção cinematográfica, com aulas de pintura, desenho, escultura, oficinas de redação criativa e até mesmo aulas de dança do ventre. Cada funcionário (entre animadores, técnicos, assistentes de produção, contadores, publicitários e até seguranças) é encorajado a dedicar uma média de quatro horas por semana ao aprendizado. A lógica é simples e convincente: especialistas com diferentes formações e de áreas diversas se tornam mais receptivos ao trabalho em equipe se puderem compreender os fundamentos da atividade de seus companheiros.

Nelson é enfático ao afirmar que "as aulas são mais do que um intervalo renovador na rotina de produção. São parte do trabalho de todos", diz. "Aqui, somos todos produtores de cinema e temos acesso ao mesmo currículo. Nas aulas, pessoas de todos os níveis sentam-se lado a lado com nossos diretores e com o presidente da companhia."

Eu não podia perder a oportunidade de assistir a uma aula e vivenciar parte do programa do curso. O grupo de alunos era uma amostra interessante da equipe Pixar: um engenheiro de software de pós-produção, um diretor de arte, um publicitário, um técnico exausto, recém-saído de suas horas extras para *Os Incríveis* e já trabalhando pesado em *Carros*. Ao entrarmos numa pequena sala de projeção, cheia de sofás e poltronas confortáveis, uma assistente de produção estreante entrou correndo, vinda de uma filmagem, e o chef da companhia, Luigi Passalacqua, chegou da organização de um jantar de negócios para executivos visitantes.

Era a sexta sessão em um curso de nove semanas, e o instrutor e diretor de fotografia John Aliano começou assim que entrou: o tema da noite era extremamente técnico, sobre iluminação. A conversa, contudo, foi descontraída. Aliano exibiu uma cena de *Morangos silvestres*, de Ingmar Bergman, na qual um círculo de luz se fecha sobre um único personagem angustiado.

"Essa cena põe em evidência a linguagem cinematográfica, em que o visual se torna tão importante quando os diálogos", diz Aliano, entusiasmado. "Isso pressupõe uma certa inteligência por parte da platéia. Uma cena não precisa necessariamente ser real, só verossímil. Tem que ser verdadeira." Em seguida, ele passa para uma cena de *A história de um soldado*, de Norman Jewison. O talentoso trabalho de câmera provoca reações de admiração, e alguém no fundo grita: "De novo!"

Exibições repetidas de uma cena de *Um plano simples* inspiram discussões acaloradas. A principal questão é: como a mudança no plano focal pode contribuir para a arte de contar histórias emocionantes? As respostas incluem: "A técnica transmite significado"; "Revela o personagem"; "É brutal – mostra a verdade". Ao fim da aula, os alunos estão em pé, manipulando gigantescos holofotes com a familiaridade de profissionais. E ensaiam, pela primeira vez, seus papéis como diretores, assistentes de fotografia e produtores – discutindo roteiros, ordenando tomadas e imaginando ferramentas improvisadas para a futura filmagem.

A lição ficou clara. Do engenheiro de software ao publicitário e ao chef Luigi, os funcionários da Pixar não estão aprendendo apenas sobre iluminação, mas vendo sua empresa e seus companheiros de trabalho sob um novo prisma. "As habilidades que desenvolvemos são úteis em todo o nosso trabalho na companhia", diz Nelson. "Por que ensinar desenho a contadores? Porque o que se aprende com isso é muito mais do que fazer ilustrações. Desenhar é aprender a observar. E não existe empresa no mundo que não se beneficie com funcionários mais observadores."

Esta é a verdadeira lição da Universidade Pixar: não apenas encorajar os funcionários a desenvolver novas habilidades, mas estimular grupos de pessoas bem diferentes a se sentar na mesma sala, experimentar coisas novas, errar, passar vergonha e superar os insucessos, sempre em equipe. Isso ajuda a explicar por que o brasão da universidade traz a frase em latim *Alienus Non Diutius* ("Sozinho nunca mais"). "Esta é a essência do nosso negócio", diz Nelson. "Conferir às pessoas a oportunidade de falharem e se recuperarem juntas dos erros."

Vale notar que o brasão também traz a inscrição *Tempus Pecunia Somnus* ("Tempo, Dinheiro, Sonho") – três necessidades básicas para uma companhia cuja incomparável criatividade deve sempre se submeter às exigências de um mercado implacável. Este é o próximo grande desafio da Pixar (e de Nelson): moderar o passo e manter a motivação numa equipe da qual se esperam consecutivos sucessos de bilheteria, mesmo numa escala de produção acelerada.

Nenhum curso, por si só, é capaz de treinar pessoas a superar esse desafio. Mas, ao criar uma empresa em que pessoas de diferentes áreas, níveis e formações têm a chance de aprender, experimentar e resolver problemas em conjunto, a Universidade Pixar gera as condições para que elas produzam o seu melhor, sem adotar a prática destrutiva do trabalho em excesso.

O filme *Os Incríveis*, de Brad Bird, trouxe uma avalanche de desafios técnicos para os magos da computação da Pixar: como fazer com que cabelos compridos ondulem com mais naturalidade? Como criar o tecido das roupas de super-heróis em diversos estágios de destruição? Como modelar uma explosão embaixo d'água? Buscar a solução ideal para cada um desses desafios, sem concessão alguma, teria gerado um filme impecável, mas seria um desastre absoluto em termos de cronograma.

Para esses desafios de alta tecnologia, a equipe de produção criou uma resposta completamente artesanal: palitos de picolé representam a quantidade finita de homens-hora orçada para cada elemento do filme. Se Bird decidisse dedicar mais tempo a aperfeiçoar determinado personagem em uma cena específica (digamos, a fantasia do Sr. Incrível), teria que retirar um palito de outro elemento (do cabelo da Violeta, por exemplo). Essa ferramenta extraordinariamente simples possibilitou que o pequeno exército de técnicos em animação se mantivesse fiel à premissa do filme – e atento ao relógio. Esta é, para Nelson, uma atitude típica da Pixar: uma inovação genial, simples, que facilita os negócios e permite trabalhar melhor em equipe.

A melhor forma de entender o mecanismo de trabalho da Pixar não está nos palitos de picolé, mas na sede da empresa: em suas porcas e parafusos. Nelson toca a gigantesca viga de aço que sustenta o vestíbulo e explica o significado por trás do metal: "Em vez de usarmos solda, prendemos estas estruturas com parafusos, porque assim é possível ver todo o trabalho técnico que a construção exigiu. Nossa idéia era criar uma estrutura 'feita à mão', para abrigar a produção de filmes artesanais. Cada parafuso, cada tijolo foi colocado à mão. Como os nossos filmes, este lugar é construído a partir de elementos pequenos e simples que, juntos, transformam-se em algo maior e melhor. Nossa mensagem é: 'Sem a sua ajuda, minhas idéias ficam sozinhas'."

DA BUROCRACIA À "PROPOSITOCRACIA" – AS MUITAS VIRTUDES DE UM AMBIENTE DE TRABALHO BAGUNÇADO

Mesmo maravilhados com o que Randy Nelson e seus companheiros de trabalho construíram, podemos nos perguntar se as suas experiências podem ser aplicadas a áreas de negócios mais mundanas. Não é natural que os animadores mais talentosos do planeta tenham criado um ambiente de trabalho tão vibrante para trabalhar? Mas, como já vimos, a idéia não é reproduzir essa forma de trabalho. É reconhecer, com a mesma sinceridade que a Pixar, que companhias que aspirem a criar uma identidade singular em seus mercados devem começar pelo seu posicionamento interno, com uma combinação de profissionais estelares e formas de operar igualmente revolucionárias.

O princípio se aplica a empreendedores de todos os estilos e de todas as áreas de atuação.

A SEI Investments, com sede em Oaks, Pensilvânia, é uma inovadora num setor decididamente sem encanto: a companhia serve de braço administrativo para o mercado financeiro – e gere mais de 312 bilhões de dólares, entre ativos de fundos de ações e de outras empresas do ramo. Além disso, atende a 100 dos 200 maiores bancos americanos, com mais de 130 bilhões de dólares em ativos. É um enorme volume de dinheiro, mas, por não ser uma área muito atrativa, a imagem pública da SEI nunca vai alcançar o mesmo patamar que a da Pixar ou do Cirque du Soleil, nem mesmo da Southwest Airlines. Mas sua imagem interna e seu desempenho no mercado são tão impressionantes quanto os dessas empresas.

É difícil imaginar que os escritórios de uma empresa de gestão de ativos, a 50km da Filadélfia, possam ser tão impressionantes quanto os do paraíso da animação computadorizada de Steve Jobs. A sede da SEI parece uma fazenda do século XIX, reprojetada pelo arquiteto pós-moderno Robert Venturi. Uma estrada leva o visitante até construções metálicas verdes, azuis e roxas que lembram celeiros, conectadas por passarelas. Um enorme armazém abriga o saguão de entrada com suas obras de arte de vanguarda, o que inclui uma escultura imensa de um cogumelo brotando da uma parede de tijolos e um parque de diversões em miniatura envolvido em resina transparente.

A serenidade do cenário, que se estende até um riacho e inclui uma casa de fazenda original erguida há séculos, contrasta com a intensa atividade nas dependências da empresa. No saguão, pessoas sobem e descem uma larga escada em espiral, enquanto o curador da SEI mostra a um grupo de amantes de arte a coleção. Passando pela mesa da recepção e um curto lance de degraus, o lugar se transforma numa colméia de alta tecnologia. Cabos vermelhos, amarelos e pretos se desenrolam a partir do teto, descendo para cada mesa – cordões umbilicais de eletricidade, dados e telecomunicações. Menos óbvio, mas não menos importante, é que todo o mobiliário possui rodas: escrivaninhas, arquivos e mesas de reunião podem ser imediatamente levados de um lado para outro pelo piso de borracha reciclada, reconfigurando em instantes todo o ambiente.

Esse ambiente impressionante foi pensado para materializar a visão de mundo da companhia. "Este lugar transmite uma mensagem diária sobre quem somos", diz Al West, fundador e presidente da empresa. "Você entra e entende. Todos têm mesas iguais e trabalham juntos, na mesma sala aberta. Não há hierarquia visível nem privilégios de cargo. Nossa mensagem é: idéias são a coisa mais importante, e as idéias de todos têm o mesmo valor. Não conferimos privilégios a ninguém em especial: o único poder vem de fazer as coisas acontecerem."

Na verdade, o ambiente de trabalho incomum da SEI faz mais do que enviar sinais: cumpre estratégias. Nascida em 1968, a empresa surgiu de uma idéia de West, considerada estranha e inovadora: usar simulações em computadores para treinar agentes de financiamento de bancos. Desde então, sua companhia prosperou como um clássico transgressor estratégico. Com uma série de tecnologias avançadas e inovações explosivas, ela desafia a concorrência e a si mesma, remodelando o negócio de administração financeira. Essas revoluções produziram imensos retornos: o valor de mercado das ações da SEI aumentou em 1.500% desde 1990 e registrou uma média de ganhos anuais de 36% desde seu lançamento inicial, em 1981. Em 2002, a bíblia do setor, a *American Banker*, classificou Al West como "o mais bem-sucedido diretor de operações financeiras da última década". Como West é proprietário de 20% das ações da SEI, e o valor de sua companhia no mercado flutua na casa dos 4 bilhões de dólares, sua fortuna é de cerca de 800 milhões de dólares. Nada mau para o proprietário de uma firma criada num celeiro.

Esse "escritório sobre rodas" é claramente diferente do padrão das empresas no mercado financeiro. A SEI revoluciona um mercado conhecido pela sua rigidez hierárquica, desmontando estruturas formais e incubando inovação em sua linha de frente. "Temos tendência a escolher caminhos ainda não trilhados em nosso mercado", diz Carl Guarino, há 16 anos na SEI. "O que não quer dizer que sejamos mais inteligentes ou perceptivos que nossos concorrentes; outras pessoas na indústria identificam as mesmas oportunidades, mas seus modelos de negócios são mais restritivos e os deixam mais preocupados com as reações do mercado. Nossa visão é de que corremos um risco maior se não inovarmos."

Na verdade, a SEI enfrenta muitas das armadilhas de companhias tradicionais de serviços financeiros, com cinco unidades formais de negócios e muitos executivos com títulos imponentes. Mas é o time, e não o organograma, que determina quem faz o quê. E são os líderes de projeto, e não a hierarquia oficial, que determinam as prioridades diárias. A qualquer momento, os mais de 2 mil funcionários da companhia podem ser divididos em até 400 equipes. Cada funcionário pertence a uma "equipe-base" além de três ou quatro equipes virtuais (em tempo parcial) ou estratégicas (temporárias). Algumas têm poucos membros, enquanto outras podem chegar a 100 pessoas. Algumas duram meses ou anos, outras são dissolvidas em semanas. As pessoas movem tanto suas estações de trabalho de acordo com sua atribuição nas equipes, que a SEI desenvolveu um programa de rastreamento para identificar onde está cada funcionário e facilitar que seus colegas de trabalho o encontrem.

A informalidade e a grande flexibilidade do ambiente de trabalho da SEI permitem que as equipes reorganizem sem parar todo o trabalho na empresa. Essa é uma companhia onde profissionais da linha de frente realmente decidem em que projetos e lugares querem trabalhar. Carl Guarino, por exemplo, já passou por vários cargos de liderança no organograma da SEI. Como vice-presidente executivo, gerenciou a importante unidade de consultores em investimentos. Mas Guarino nunca confiou somente no poder da sua posição. Quando tinha algo em mente, iniciava um projeto, percorria a organização à procura de membros em potencial para sua equipe e tentava convencê-los de que tinha algo interessante em mente. "Rejeitamos a idéia de que as pessoas no topo da organização têm poder somente por causa de sua posição e que o controle é distribuído hierarquicamente", diz. "O poder é muito mais difuso e disperso nesta organização: em vez de residir num cargo, ele vem da influência e habilidade de forjar consenso – não no sentido da idéia japonesa de unanimidade, e sim em termos de participação e apoio para que as tarefas sejam executadas."

Guarino vai além: "Não sou capaz de fazer com que as pessoas participem de um projeto que não pareça criativo ou inovador. Inovação é o que nos motiva. Se você não está levando as coisas para uma direção significativa, as pessoas tendem a colocá-lo mais abaixo em sua lista de prioridades. Não importa qual seja sua posição hierárquica na empresa, nunca é fácil mobilizar os recursos."

De certa forma, a adoção pela SEI do "caos organizado" é projetada para refletir o que a maioria das pessoas em grandes empresas já sabe: hierarquias formais raramente determinam como as coisas de fato serão feitas. A maior parte do trabalho criativo acontece a despeito da estrutura corporativa, e não por causa dela. É por isso que inovadores bem-sucedidos não precisam de grandes recursos ou de supervisão rigorosa. Precisam de mais espaço e menos burocracia. "Como todo o nosso trabalho é feito em equipe, o trabalho em conjunto vem antes da estrutura administrativa", diz o diretor executivo West. "Se as pessoas não desenvolvem suas carreiras, não é por causa de seus superiores, mas de seus colegas. Pessoas preocupadas em ser notadas pelos seus chefes, que direcionem seus esforços para o alto da cadeia hierárquica (e não para seus colegas), não conseguem nada. O sucesso aqui é função direta de como você se dá com os seus colegas de trabalho."

Na SEI, os líderes mais bem-sucedidos transmitem uma combinação de humildade e ambição – "humbição" – baseada mais no poder de persuasão do que em autoridade formal. A melhor forma de trabalhar bem com seus colegas e conquistar seu apoio é enfatizar a importância do seu projeto para cada um deles e para a companhia, e não a importância que teria para você. "Como líder, você não terá muito sucesso se deixar seus colaboradores trabalharem de forma mecânica", diz Guarino. "Ao envolvê-los na estratégia, deixá-los entrar em contato direto com os clientes e dar a cada um o devido crédito, eles sempre vão querer que você esteja na equipe. E, na próxima vez que você surgir com um projeto, todos vão querer fazer parte dele."

Naturalmente, essa é uma forma muito mais desorganizada de trabalhar: cheia de começos em falso, informações cruzadas, opiniões e prioridades muitas vezes conflitantes. Mas West e seus colegas de trabalho insistem nas vantagens desse formato, especialmente se comparado às alternativas. "Desconfiamos de programas formais e receitas prontas", diz o presidente executivo. "Não temos descrições de cargo ou um organograma por uma simples razão: hierarquias exigem que você planeje tudo com antecedência. Seria impossível antecipar e programar tudo o que deu certo em nossos negócios."

Como líder, West não mede esforços para provocar discussões, e até mesmo discórdia, na empresa. E há certa arte em sua maneira de liderar. Literalmente. Sua paixão por arte inspirou uma coleção de 2.500 obras de vanguarda, que estão expostas não apenas para agradar aos sentidos, mas para provocar questionamentos. "Queremos encontrar novos caminhos", diz West. "Você não precisa gostar das obras, mas vai falar sobre elas."

Às vezes as discussões esquentam tanto que uma obra é exilada na "Sala da Controvérsia", um espaço de exibição no subsolo, dedicado às obras mais polêmicas. Pinturas, fotografias e esculturas impressionantes (assustadoras, às vezes) são cercadas de comentários enviados por funcionários: "Esta foi longe demais"; "Perturbadora"; "Muito esquisita"; "Esta fala sobre liberdade de expressão: dependendo da forma como olhar, você terá uma impressão completamente diferente".

As regras de discussão são expostas na parede. Número um, "Diga o que pensa": as pessoas podem enviar comentários por e-mail sobre qualquer obra, e uma equipe determina, a partir dos comentários, quando uma obra deve ser transferida para o subsolo. Número dois, "Continue falando, mas ouça o que os outros têm a dizer": todo comentário, positivo ou negativo, é exibido ao lado da obra a que se refere. E, finalmente, "Adote e compre": se uma equipe realmente se interessar por uma obra, pode "libertá-la" e expô-la novamente (como a equipe da área de finanças já fez com a pintura *Véus vermelhos*, especialmente controversa por lidar com temas islâmicos). Essas regras são tão relevantes para testar novas idéias sobre mercados e tecnologias quanto para avaliar obras de arte polêmicas. Inovar é sempre um processo caótico, que gera problemas quando as empresas tentam torná-lo muito ordenado e organizado.

Há outra virtude em encorajar pequenas polêmicas: elas costumam prevenir grandes desastres. Por que tantas empresas continuam empenhadas em terminar projetos sem perspectivas quando eles já deveriam ter sido enterrados? Porque já investiram imensos recursos financeiros e prestígio do alto escalão: os projetos ficam famosos demais para darem errado. Na SEI, equipes estratégicas testam suas idéias até que resultados reais justifiquem mais investimentos. Isso não só permite que a empresa elimine idéias fracas sem grandes lamentações, mas encoraja inovadores da linha de frente a testar novidades sem medo de falhar. "Assim minimizamos os obstáculos para a inovação em termos de capital financeiro e psicológico", diz Carl Guarino. "É como se estivéssemos incubando uma pequena empresa. Se você já começa com um grande investimento, a pressão por resultados imediatos é grande. E só um grande resultado justifica o investimento. Nós apenas juntamos algumas pessoas para trabalhar no projeto e vemos o que acontece."

Esse modelo altamente flexível de inovação e crescimento (testar algumas coisas e ver o que acontece) é também uma boa descrição do plano de carreira da SEI. A companhia é reconhecida como um empregador-modelo (foi eleita pela revista *Fortune*, por cinco anos consecutivos, uma das Cem Melhores Empresas para se Trabalhar), mas dificilmente pode ser considerada um empregador condescendente. Os funcionários mais bem-sucedidos são os mais predispostos à extrema mobilidade e responsabilidade individual, numa constante reorganização da empresa.

"Cada um é responsável pela sua própria carreira", diz, sem rodeios, o diretor executivo West. "É preciso encarar a carreira como um negócio: o que você quer realizar? Como quer ser conhecido? Encorajamos as pessoas a circular. Alguém pode querer ficar num lugar só e se tornar um especialista. É possível desenvolver uma boa carreira assim. Mas uma excelente carreira nasce do movimento." "É o oposto de uma carreira tradicional, em que você sabe dizer quando cumpriu sua missão e pode descansar", confirma Marcia Noa, uma das responsáveis pela reestruturação organizacional da empresa. "Aqui você sabe que está cumprindo sua missão se continua à frente de situações difíceis."

É um exemplo de como um ambiente de trabalho propositalmente caótico sustenta uma estratégia transgressora no mercado. "Nosso pessoal está acostumado a sair de suas zonas de conforto, a encontrar novas direções, a se virar por conta própria", explica Al West. "É uma experiência de aprendizado enorme passar por diferentes áreas – vendas, recrutamento, tecnologia e gerenciamento de projetos – e isso cria melhores profissionais, pois estimula a flexibilidade, a rapidez e a inovação na empresa como um todo. Vencer é ser capaz de mudar na mesma velocidade ou até mais rápido que o mercado. Fomos projetados para isso."

DE EMPREGADOS A PATRÕES – TODOS SÃO "HOMENS DE NEGÓCIOS"

Existe ao menos um princípio comum nos ambientes de trabalho únicos das empresas inovadoras: pessoas incapazes de vislumbrar além dos limites de suas especialidades não têm espaço. Para empresas movidas a novas idéias e centradas em talentos, todos devem pensar como "homens de negócios". Até as estrelas mais brilhantes têm que entender seu lugar na constelação maior do negócio.

Na Cranium, por exemplo, o diretor financeiro Jack Lawrence (também conhecido como "Professor Lucro") faz reuniões gerais para rever, explicar e interpretar o desempenho da companhia. A cada dois meses, Lawrence dá lições para todos na empresa sobre os detalhes complicados de orçamentos, volume de vendas, margens e fluxo de caixa – tudo aquilo que, no final das contas, será traduzido no valor das ações de uma companhia que ainda é de capital fechado. É o tipo de apresentação franca e abrangente que deveria ser feita não apenas para o quadro de diretores, mas, como é o caso na Cranium, para todos os funcionários. Todos conferem números e valores e descobrem como a sua produtividade afeta o negócio como um todo no mercado financeiro. "No final das reuniões, listamos as 10 prioridades de cada pessoa na empresa", diz Lawrence.

Até mesmo um grupo não convencional como o Cirque du Soleil educa suas estrelas sobre os rigores do negócio e suas operações internacionais. Todos os anos, o presidente Daniel Lamarre percorre o globo para compartilhar, com cada membro da companhia, detalhes dos resultados financeiros do Cirque. Ele conversa com elencos e equipes técnicas de espetáculos permanentes em Las Vegas e Orlando e troca informações com cada um dos espetáculos itinerantes em todo o mundo. Suas viagens consomem quase um mês, mas Lamarre acredita que produzem um retorno excepcional em relação ao comprometimento dos membros do Cirque.

Essa turnê de Lamarre foi projetada para mergulhar artistas despreocupados na realidade dos negócios. "Sou muito transparente com relação ao nosso desempenho financeiro", diz. "Estamos tendo bons resultados e falo livremente sobre disso. As pessoas sabem que 1% do nosso rendimento – não do lucro líquido, mas do rendimento bruto – é investido para mudar o mundo. Sabem também que dividimos os lucros com toda a equipe, e que reinvestimos grande parte dos recursos na produção de novos espetáculos."

Em ambientes mais tradicionais, que possibilitam um comprometimento ainda mais rigoroso dos funcionários com a transmissão da cultura dos negócios, os resultados podem ser ainda mais amplos, e as lições ainda mais reveladoras.

Outro exemplo mostra o que acontece numa empresa quando todos os seus funcionários entendem o que a faz funcionar. Dick Resch, presidente e diretor executivo da KI (antes Krueger International) assumiu o controle da companhia no início dos anos 1980, quando ainda era uma pequena e quase desconhecida fábrica de móveis comuns para escritório. Desde então, provocou uma revolução com sua presença no mercado, com um crescimento rápido e sustentável em vendas, lucros e valor das ações. Uma trajetória impressionante em um mercado onde o "devagar e sempre" define a competição.

É difícil ser exagerado ao falar da escala da transformação na KI. O primeiro produto da companhia (que iniciou seus negócios em 1941) foi uma simples cadeira dobrável de metal (que ainda vende cerca de 1 milhão de unidades por ano). Resch foi contratado como executivo assistente em 1964, época em que o movimento de vendas somava apenas 4 milhões de dólares. Atualmente, a KI tem 3.500 empregados, receita anual de 600 milhões e posição de liderança em mercados cobiçados e exigentes – seja equipando os campi de universidades (onde é a líder incontestável), seja como um dos principais fornecedores para gigantes da inovação, como a Microsoft e a Sun Microsystems.

O segredo para a prosperidade da KI tem sido a sua agilidade. A maioria das empresas do ramo se vale de terceiros para vender produtos sem diferencial a um grande número de clientes. Por outro lado, a KI foca no consumidor final em mercados selecionados (como saúde, setor público, ensino superior e alta tecnologia) e oferece produtos personalizados (às vezes criados sob encomenda) e adequados às suas formas de trabalho. O desenvolvimento de seus produtos depende da rápida fabricação de protótipos que garantem móveis extremamente personalizados, com uma aparência moderna e elegante. Resch e seus colegas chamam isso de estratégia "mercado único", e foi ela que tornou a companhia uma das grandes forças em sua área. Os 3.500 funcionários da KI fazem parte dessa estratégia corporativa. A empresa jamais conseguiria se envolver com essa elite de consumidores extremamente exigentes se os seus funcionários não estivessem profundamente engajados nos detalhes de seus negócios.

"Tudo começa com liberdade e responsabilidade", diz Resch. "Quando entrei para a KI, ela possuía só três investidores. Eles eram donos de tudo, e não tínhamos informações sobre nosso desempenho financeiro. Meu primeiro chefe chegava ao cúmulo de ler a minha correspondência. Hoje, todos na empresa somos proprietários, seja diretamente ou pela participação em nossos planos de aposentadoria. E tento ensinar a todos, mesmo os técnicos de primeiro nível, a pensar como pessoas de negócios. Não existem segredos aqui. Todos têm acesso a qualquer informação de que precisem para desempenhar suas funções e ajudar a desenvolver o negócio."

Resch fala com reserva e humildade, mas não se deixe enganar por essa atitude. Ele é um inovador, e suas conquistas no ambiente da KI são lições importantes, para qualquer área de negócios, sobre como trabalhar mais produtivamente e com ética. A questão do controle acionário é um bom exemplo. Nos anos 1980, Resch teve sucesso em um grande acordo financeiro que transferiu o controle da KI daquele pequeno número de investidores iniciais para a força de trabalho. O resultado foi que, nos 15 anos seguintes, a KI tornou-se uma empresa cujo sólido crescimento gerou fortunas reais em todos os níveis. Centenas de gerentes e empregados têm participação no valor que ajudam a criar.

E todos sabem quanto valem suas ações. Mesmo sendo uma companhia fechada, a KI tem seus valores calculados anualmente pelo Credit Suisse como se fosse aberta. Em 1981, suas ações valiam menos que 10 centavos de dólar. No fim de 2004, mesmo depois da crise em seu mercado-alvo por causa da quebra das empresas pontocom, as ações da KI estavam avaliadas pelo preço recorde de 27 dólares, ou seja, uma taxa de retorno anual média superior a 30%. Um desempenho que seria cobiçado por qualquer empresa, independentemente do mercado. Não é surpresa, portanto, que gerentes e funcionários adotem, com entusiasmo, a "mentalidade de sócios" no trabalho quando passam a realmente ter participação na empresa. Uma vez por ano, os empregados têm a chance de comprar ações da KI como investimento. A compra mínima é de 10 mil dólares e os empregados podem vender de volta para a empresa sua participação a qualquer momento, ao "valor de mercado".

Essa participação no patrimônio é ainda mais significativa quando empregados-controladores participam também dos detalhes operacionais do negócio. Isso inclui a análise microscópica do desempenho de linhas de produtos e mercados em face das previsões orçamentárias, a identificação das fábricas mais eficientes, dos consumidores que enfrentaram problemas de qualidade ou atrasos na entrega, etc. Em suma, todos os fatores de curto prazo que influenciam retornos de longo prazo.

No topo da lista de prioridades de toda reunião mensal da KI existem dois lembretes. O primeiro: "Ajudar cada participante a desenvolver um ponto de vista empreendedor." O segundo: "Treinar cada participante como um gerente de divisão ou CEO. Cada um deve investir nas habilidades adequadas para entender como gerenciar o negócio." Os participantes dessas reuniões, sejam quais forem suas posições hierárquicas e o tempo de empresa, se lançam na discussão, avaliando novos produtos, trocando informações e discutindo preços.

A disciplina de organizar esses encontros todo mês tem como resultado um aprendizado avançado em negócios. "É uma experiência de educação compartilhada", diz Resch. "E me auxilia, como diretor executivo, a ensinar a todos sobre as escolhas que podemos fazer para continuarmos rentáveis no longo prazo." As reuniões mensais geram sessões complementares igualmente importantes em diversos níveis da empresa. Gerentes de produção revisam informações e experiências com as equipes autogerenciadas que operam as linhas de produção da companhia; e designers discutem o impacto da última reunião nas prioridades de desenvolvimento de seus produtos.

A KI pode ser mais ágil no mercado final porque produziu um ambiente de trabalho extremamente participativo e informado, com funcionários que têm participação na empresa e entendem claramente como todo o negócio funciona. "Lembro de quando foi possível, depois de dois ou três anos, comprar um pedacinho da empresa", Resch diz. "Achei que era o dia mais importante da minha vida. Tentamos compartilhar esse sonho com todos aqui. Sou um gerente quantitativo, movido a números. Gosto de me sentir realizado, mas gosto mesmo é dos resultados. E uma companhia de empreendedores, controlada por seus próprios empregados e com total transparência de informações, é uma máquina competitiva genial."

Pode ser uma forma excepcional de competir, mas não chega a ser uma idéia excepcionalmente complicada. O princípio é o mesmo para todas as empresas inovadoras. No campo das relações humanas nos negócios, existem poucas inovações revolucionárias ou percepções radicalmente diferentes. O que encontramos são novas (e interessantes) respostas para antigas (e normalmente não respondidas) perguntas. O que motiva as pessoas? Que perfil tende a funcionar bem em uma companhia?

O que impulsiona pessoas excepcionais a dar o melhor de si? Agora é a sua vez de trabalhar. Pense sobre como esse grupo de companhias inovadoras opera, medite sobre como a sua organização interna reflete sua organização no mercado e pergunte a si mesmo: por que minha empresa não pode funcionar dessa forma?

Capítulo 12

Mensagens inovadoras (4): como colocar em prática as habilidades da sua equipe

É fácil reconhecer que o desempenho de uma empresa não pode ser melhor que o desempenho de seus funcionários. Mas não é fácil encontrar maneiras de atrair mais do que a sua cota de talentos no seu setor, saber onde encontrá-los (especialmente se eles não estão procurando por você) e encorajá-los a trabalhar na sua companhia. Por outro lado, é exatamente porque muitas empresas são medíocres no que se refere aos seus funcionários que não é necessário criar inovações arrasadoras para se destacar da multidão e superar a concorrência.

Visitei literalmente centenas de locais de trabalho ao longo dos anos, e durante todo esse tempo ficou evidente que, quando as empresas são criativas e rigorosas em relação aos seus funcionários, geralmente também o são em relação a outros fatores – infelizmente, também ficou evidente como isso é raro. Em geral, os sinais estão bem debaixo do seu nariz – estão no rosto dos funcionários. Na impressionante sede da Wieden + Kennedy, a primeira coisa que se vê ao passar pela gigantesca porta de aço da entrada é um mural de fotografias. Não são fotos dos atletas famosos e das celebridades das lendárias campanhas publicitárias da agência, nem dos fundadores da empresa ao lado de clientes ou políticos influentes, nem mesmo reproduções de trabalhos premiados. Em vez disso, o mural, que se estende por uma escada de concreto até a recepção do segundo andar, é coberto por retratos em preto-e-branco de funcionários de todos os níveis hierárquicos. Cada um dos 300 empregados da sede em Portland, dos diretores de criação aos contadores, foi fotografado numa pose bastante singular – fantasiado, ou tocando uma guitarra imaginária, ou simplesmente parado. A mensagem é ao mesmo tempo simples e significativa: esta é uma organização construída em torno das pessoas que a compõem.

A mensagem é a mesma na sede do Cirque du Soleil, em Montreal. Um dos elementos mais marcantes é uma galeria de moldes brancos de gesso. Assim que um artista é selecionado para um espetáculo do Cirque, passa por um processo trabalhoso (e desconfortável) de duas horas de duração, para que se faça um molde de gesso da sua cabeça. Os moldes são necessários para o departamento de figurinos, que freqüentemente precisa produzir novos chapéus ou máscaras extras para os artistas, que podem estar a quilômetros de distância. Mas revelam muito sobre a filosofia de trabalho do Cirque, pois a galeria é uma celebração aberta da diversidade e da individualidade, com máscaras de pessoas de todas as idades e etnias. Serve também, como diz o vice-presidente de produção Gabriel Pinkstone, "para lembrar por que estamos aqui – não para criar uma máquina burocrática, e sim para criar produtos da imaginação".

Esses são pequenos exemplos de uma abordagem bem mais ampla: existe uma diferença entre falar sobre a importância do fator humano nos negócios e colocar em prática, dentro da sua empresa, as habilidades das pessoas que definem o caráter da concorrência. Você está decidido a se destacar no mercado de talentos e produtos ou ainda considera que o talento é um detalhe sem importância? Responda com sinceridade às próximas cinco perguntas, que podem ajudá-lo a colocar a sua teoria em prática.

1. **Por que profissionais experientes devem trabalhar para sua empresa?**

   Os melhores líderes sabem que não é o dinheiro que inspira os melhores colaboradores. Pessoas talentosas querem trabalhar em projetos empolgantes. Pessoas talentosas querem sentir que são importantes dentro das suas organizações. Querem se sentir cercadas por outras pessoas talentosas e desafiadas por elas. Ou seja, pessoas talentosas querem se sentir parte de algo ainda maior que seus próprios talentos pessoais.

   Logo no início da história do Google, antes que ele se tornasse sinônimo do renascimento da economia da internet, seus fundadores deixaram bem claro que consideravam o talento uma questão estratégica fundamental para o futuro. Foi pensando nisso que publicaram uma lista com os 10 motivos pelos quais os melhores pesquisadores, programadores e profissionais de marketing deveriam trabalhar no Googleplex – sem citar em momento algum opções de ações ou bônus. Motivo número dois: "A vida é bela. Fazer parte de algo importante e trabalhar em projetos nos quais se acredita é incrivelmente gratificante." Motivo número sete: "Boas companhias ao seu redor. Temos ex-neurocirurgiões, campeões de xadrez, caçadores de crocodilos, ex-fuzileiros navais na equipe." Motivo número nove: "Ouse ir até onde ninguém jamais foi. Existem centenas de desafios a serem vencidos. As suas idéias criativas são importantes para nós e dignas de serem exploradas."

Qual é a sua versão da lista de 10 motivos do Google? Você já definiu – de maneira clara, organizada e numa linguagem que reflete o espírito da sua empresa – os motivos mais convincentes para pessoas talentosas trabalharem na sua empresa? Se a resposta for negativa, essa é uma excelente tarefa para começar na próxima segunda-feira, logo de manhã.

2. Você sabe reconhecer uma pessoa talentosa?

Os locais de trabalho são diferentes, mas o princípio de organização é o mesmo: a personalidade conta tanto quanto o currículo, seja na Southwest Airlines, na Yahoo ou na SEI Investments. Ou seja, nas empresas que investem seriamente no talento, quem você é como pessoa é tão importante quanto aquilo que você sabe. Há uma lógica empresarial realista nessa mentalidade um pouco sentimental e utópica. Empresas com um conjunto de idéias diferentes sobre como gerar valor no mercado precisam de pessoas cujos valores estejam em sintonia com sua estratégia. É por isso que a Southwest valoriza o "espírito guerreiro" e a Yahoo busca programadores e profissionais de marketing com o "gene Y".

É por isso também que os criadores do programa Extreme Blue da IBM fazem questão de que os participantes em ascensão mergulhem num manual intitulado "Permanecendo radical". É claro que a Big Blue deseja atrair programadores e estrategistas de ponta. Mas quer apenas aqueles indivíduos talentosos que saibam como trabalhar numa organização imensa e global. O manual relata em detalhes (numa linguagem simples) o tipo de competência que faz com que a IBM funcione.

Ele destaca as pessoas que "lideram": "Lembre-se de que o seu chefe também trabalha para você, não importa quem ele seja. Você não serve apenas para cumprir ordens. Você é responsável por ter idéias e tentar convencer seus colegas, funcionários e gerentes. Nem sempre a palavra final vai ser sua, mas manter o hábito de refletir é fundamental. Não fique esperando que alguém lhe diga o que fazer. Entenda o trabalho dos outros e depois informe o que pode fazer para ajudá-los."

Destaca também as pessoas que defendem uma "desordem com propósito": "Todas as organizações – até mesmo uma recém-criada, com apenas um ano de vida – mantêm normas de conduta e concepções de certo e errado que foram determinadas no passado", explica o manual. "Nessa altura, você imagina que vamos lhe dizer que jogue fora essas normas. Nada disso. Muitas das experiências que criaram as normas continuam válidas. Mas não ignore um princípio básico: práticas ou normas que parecem ser tolas geralmente o são."

Você sabe quais valores chamam a atenção dos melhores profissionais do seu ramo – e como encontrá-los? Poderia redigir um manual em linguagem simples, a sua versão do "Permanecendo radical", que explicasse como fazer a diferença, de forma produtiva, dentro da sua empresa?

3. Você é capaz de encontrar pessoas talentosas que não estão procurando por você?

Um fato comum costuma ser esquecido: os profissionais mais talentosos tendem a estar em empregos agradáveis, com pessoas afins e projetos interessantes. Líderes que enchem as suas organizações com pessoas que vivem buscando novas oportunidades correm o risco de contratar profissionais insatisfeitos e medíocres. O truque (e o desafio) é atrair os chamados candidatos passivos ao emprego – pessoas que não vão aceitar trabalhar em sua empresa a não ser que você se esforce muito para convencê-los.

Michael Homula, especialista em recrutar profissionais, adora a emoção da busca e desenvolveu técnicas agressivas para contratar pessoas que já possuem trabalhos incríveis. O caçador de talentos do Cirque du Soleil pode ser menos combativo que Homula, mas não é menos esperto. Ele sabe que não pode contratar todas as estrelas em ascensão na hora em que elas despontam. Então contrata artistas talentosos sempre que eles estão abertos a entrar na trupe, não apenas quando o Cirque possui uma vaga a ser preenchida.

Mas capturar profissionais talentosos nem sempre significa inventar estratégias mirabolantes. Pense nos simples anúncios de oferta de emprego. Ao longo dos anos, até mesmo as empresas mais avançadas se valeram de anúncios tradicionais para atrair candidatos. Mas é importante observar como esses anúncios podem ser pouco tradicionais, enfatizando a personalidade, e não o currículo, e ressaltando como a empresa funciona.

A Southwest Airlines criou fama por meio de uma estratégia pitoresca, comunicando aos funcionários em potencial a cultura divertida que estava tentando criar. Herb Kelleher, co-fundador e ex-diretor da empresa, apareceu numa entrevista fantasiado de Elvis Presley. O texto do anúncio dizia: "Você gostaria de trabalhar numa empresa onde Elvis já foi visto? Qualificações: ser sociável, um pouco fora do comum. Se a idéia lhe agrada, envie-nos o seu currículo. Aos cuidados de: Elvis."

A vida na SEI Investments pode ser movimentada, em comparação com outras organizações financeiras. Então, quando eles recrutam acadêmicos de alto nível para o seu prestigiado programa de sócios, usam um anúncio que diferencia o programa (e a empresa) das firmas convencionais de Wall Street. "Cargo: Irrelevante. Nome da Equipe: Qualquer um." Logo depois, vem uma descrição do trabalho: "Como candidato, você não vai ouvir falar sobre uma vaga específica que estamos buscando preencher. Não vai conhecer seu futuro chefe nem vai ouvir falar sobre seu maravilhoso plano de carreira. Isso pode parecer estranho se você pensar em outras descrições formais de trabalho e programas anunciados por possíveis patrões. Mas siga o nosso raciocínio: se você soubesse em setembro que função teria em agosto do ano seguinte, qual seria a importância dessa função?"

Você consegue compor um anúncio que englobe as novas idéias nas quais a sua empresa se baseia? Pode fazer com que ele seja suficientemente divertido e interessante para chamar a atenção de pessoas talentosas que *não* estão procurando emprego?

4. Você sabe ensinar a pessoas talentosas como funciona sua empresa e como ela pode ser bem-sucedida?

Até mesmo os especialistas mais focados (programadores, designers, animadores) rendem mais quando compreendem como funciona o negócio como um todo e o que determina o seu sucesso ou fracasso no mercado. Trata-se, em parte, de compartilhar demonstrativos financeiros: será que qualquer pessoa pode aprender a pensar